BELEN CANOVAS

FAMILLE, AMANTS ET AUTRES GALÈRES...

ÉDITIONS
EXERGUE
27, rue des Grands-Augustins
75006 Paris

Sommaire

Préambule 13

Épreuves 15

Le rituel du soir 19
Mémoires collantes 21
Le Père Créateur 23
Au milieu de la forêt 24
Tic-Tac « Je suis en retard ! » 28
La Datcha des bois magiques 29
La folie des grandeurs 32
Dumbo au paradis 36
Le pendule fluo 38
Une petite femme 40
Ivresses occultes 42
Ingrate adolescence 44
Le train fantôme 47
Rock'n'roll et école 48
Presque grande, enfin 50
Sang-froid et peur bleue 52
Jeunes femmes partagent appartement 54
Visions en superposition 57

Adulte et cafards 58
Syndrome de l'imposteur complexé 61
Empathie pâteuse 63
Premiers jobs 66
Fantastic wedding! 67
Les sœurs dans la piscine 69
Plus grande joie et immense tristesse 72
Ganeshmobile, l'unique 73
Les plumes et les explorateurs 74
Le *Bardo Thodol* 75
Anne, ma sœur Anne, ne vois-tu rien venir ? 79
Double peine 80
Travail, luxe et volupté 84
Jouer avec le feu follet 85
Célibataire et bonne mère 91

Guérisons 95

Pierre qui roule et volte-face 97
Dans mon escarcelle 100
Thérapie énergétique 102
Aie confiance... Tsss... Tsss 103
Vies antérieures ou multidimensionnalité 103
Le jeu des devinettes 107
Bugarach et compagnie 112
Le chaman et les singes hurleurs 114
L'homme-poisson, c'est lui ? 117
Ma *sista* !! 118
Ils sont balèzes 122
Douceur paternelle 124

EMDR 126
Lignée espagnole 127
Sommeil du juste 129
Évolution parallèle 130
La princesse au petit pois 131
Adieu la forêt magique 134
Succession d'héritages 135
Être une femme 137
Soupe d'orties 142
Dragons d'argent 144
Bla-bla-bla 146
Aimant à dingos 148
Danse avec la plante 152
Indépendance, harmonie, expression 155
L'Altruiste et la Séductrice 156
Pourquoi séduire ? 158
De près, hein ? 160
Oh Daddy 165
Le personnage et les émotions 167
Un été chiant comme la pluie 170
Départ de Santiago, le grand saut 172
Son envol, le nid vide 173
Ceinture de chasteté 175
Aujourd'hui, c'est l'anniversaire de Léo 176
Jésus-Christ superstar 177
Reculer pour mieux tomber 182
Dîner avec *sista* Christèle 184
Debout sur une chaise : à ta hauteur 185

Enfin le déclic 189
Voilà l'été 190
Août et les lignes temporelles 193

Rencontres 199

Premiers rendez-vous 201
La foudre et l'impatience ! 202
L'âme agit dans la forêt 205
Pensées créatrices 206
The Times They Are a-Changin' 208
The Sound of Silence 209
Vroum, vroum dans les tours ! 210
« *I'll be your mirror, reflect what you are, in case you don't know* » 211
Le début du *car washing* 213
Famille à griffes 215
Nuit noire de l'âme 216
Le réveil a sonné, la porte s'est ouverte 217
L'élément Feu 219
La menotte transgénérationnelle 220
Et moi, j'ai beaucoup à faire 222
C'est l'automne, les arbres perdent leurs feuilles 223
Cimetière à paillettes 224
La peur mange l'âme 227
La barbe ! 228
L'amour doit rendre libre 228
Fugue à Groix 229
Quatre-vingt-dix jours 230
Lâcher prise, le graal 232

L'alchimie de la vie 236
Colorama aurique 237
Embrouilles et débrouilles 238
Les derniers cailloux, retour à la case départ 239
GPS intérieur 244
Cinquante ans scintillants 245

Épilogue 247

Boîte à outils spirituelle 249

Psychothérapie 249
Ma méthode 250
Pranic Healing/soins énergétiques 252
Hypnose ericksonienne 253
Hypnose spirituelle 254
EMDR 255
Stage avec Franck Lopvet 256
Ennéagramme et numérologie selon Marine Billet 257
Médiums et voyants 258
Ayahuasca 259
Psilocybine 259
Féminitude selon Monique Grande 260

Annexe 261

Remerciements 267

À propos de l'auteure 269

Préambule

Comment as-tu aimé ?

Qu'as-tu fait pour les autres ?

Ce sont les deux questions que l'on nous pose après la mort. Ce sont les deux seules choses qui comptent, le reste est le chemin pour y parvenir, une vie.

Les unes après les autres, j'ai affronté les épreuves qui se présentaient à moi. Avec le temps, j'ai compris que les accepter et en chercher le sens me permettaient d'en tirer le meilleur : un apprentissage, une force. À travers ces défis, j'ai appris à me connaître, à accompagner et à m'aimer.

En ouvrant grand les yeux apparaissent la poésie cachée de la vie, l'extraordinaire mêlé à l'ordinaire, la magie du quotidien.

Épreuves

« Seul l'arbre qui a subi les assauts
du vent est vraiment vigoureux,
car c'est dans cette lutte que ses racines,
mises à l'épreuve, se fortifient. »

SÉNÈQUE

À Léo,
À Santiago,

Le rituel du soir

J'ai moins de 2 ans, je suis allongée dans mon lit à barreaux, je détaille au plafond les moulures blanches d'anges rondelets, les volutes des rubans et les grappes de raisins. Ça me fait du bien, me rappelle quelque chose, un endroit familier, un lieu où l'amour est omniprésent, et cet endroit me manque.

Nous habitons dans un appartement au premier étage d'une petite maison en briques roses à Paris. L'entrée dessert à droite le salon décoré avec goût bien sûr, très lumineux ; attenant, le bureau de mon père avec sa grande bibliothèque en bois et ses objets rares ; un petit couloir mène au vestiaire de ma mère et à la chambre de mes parents décorée dans un style amérindien, terre de Sienne, vert impérial, bleu céruléen et rouge carmin.

À gauche de l'entrée, une porte ouvre sur la cuisine pop en mélaminé orange acidulé, puis sur la salle à manger en chinoiseries laquées et, enfin, sur un long couloir qui mène vers une salle de bains et trois chambres, une pour Alvaro, mon grand frère de six ans mon aîné, une pour Léonor, ma grande sœur de quatre ans mon aînée, et la troisième pour Lisa. Elle vit avec nous, elle est notre nounou et s'occupe aussi du ménage, de la cuisine, de presque tout. Lisa finit sa journée, elle est épuisée, énervée. C'est le soir, mon lit à barreaux est à côté de son lit dans sa chambre, elle me change avant de me coucher et me met des claques sur chaque côté des fesses, elle tape fort, très fort, machinalement, plusieurs fois, je sens encore la brûlure de ses doigts sur ma peau. Je me souviens que je comprends qu'elle fait ça pour que je pleure jusqu'à ce qu'épuisée je m'endorme plus vite.

C'est comme ça chez elle, dans sa famille.

Ça marche à tous les coups.

Je pleure et je dors.

Tous les soirs.

Mes parents ne le savent pas, c'est mon supplice quotidien, au centre du cocon familial.

Quand mon fils est tout petit, alors qu'il hurle comme le font les bébés sur la table à langer, j'ai une pulsion, une envie irrépressible de le frapper pareil, sur le côté des fesses, au même endroit. En l'espace de quelques secondes, peut-être deux, je me souviens de ce rituel du soir, pour la première fois, ces souvenirs remontent à ma mémoire, je revois précisément les barreaux du lit, les moulures du plafond, et je ressens dans ma chair la brûlure de ces coups.

En surimpression de cet instant présent, mon passé me pousse à frapper mon enfant. Je sens une intense évidence à répéter ce que j'ai vécu et, dans mes tripes, je sais que ça va être jouissif.

En une fraction de seconde, et c'est là que tout se joue, je décide de ne pas le faire. Comme si, au ralenti, j'attrapais mon bras à temps. Non. C'est si tentant, mais non.

Je réalise d'un coup avec horreur ce que ressentent ceux qui font subir les mêmes gestes violents, les mêmes tortures, les mêmes abus physiques ou psychiques qu'ils ont subis, les mêmes brutalités sans réfléchir, juste menés par cette impulsion de faire pareil, de faire mal à plus petit que soi, comme un réflexe. C'est à mon tour de dominer maintenant. Je suis soulagée de ne pas m'être fait piéger, comme si le diable était apparu pour me tenter. Je garde mon âme et je prends mon bébé dans mes bras avec une tendresse décuplée et il arrête de pleurer.

Mémoires collantes

En plus de cette nostalgie d'un pays mystérieux qui serait ma véritable origine, j'ai des familiarités inattendues, des connaissances innées, une mémoire déjà encombrée, une mémoire d'occasion.

J'ai environ 4 ans et les réminiscences de certains métiers.

Cordonnier, je connais les gestes, les odeurs, les petits clous, les grosses aiguilles et les gros fils, la façon de trancher le cuir, les outils, les bruits, je m'en suis souvenue la première fois que j'accompagnais Lisa chez le cordonnier au coin de la rue pour aller chercher les chaussures de mon père.

Puis usurier, la façon de compter, de diviser les dettes, les taux d'intérêt, la table, les différentes balances, les pochons en cuir et ceux en tissu, le bruit des pièces qui tintaient les unes contre les autres, les calculs. La première fois que je joue au Monopoly m'ouvre une porte sur cette mémoire. Et la fois où, pour le spectacle de l'école, nous étions toutes habillées en garçons, j'ai fait mon nœud de cravate du premier coup, sans qu'on me le montre, les gestes me reviennent instantanément, je n'y pense pas, je l'ai fait mille fois !

Des multitudes de réminiscences en visite dans des sites archéologiques ou historiques lors des sorties de classe. Je ressens souvent un malaise, pourquoi certains châteaux, certaines ruelles, les pavés, je les reconnais ? Je vois d'autres scènes, d'autres gens là où il n'y a que des ruines. Des gens en costume d'époque déambulent dans les salles où d'autres contemporains visitent, l'appareil photo à la main.

Au fond de moi, je sais, c'est une nouvelle vie que je commence, mais j'en ai vécu beaucoup d'autres. J'ai tellement de souvenirs qui apparaissent, comme des milliers de scènes de films stockées dans ma mémoire.

Dans le dernier livre de Stéphane Allix, *La mort n'existe pas*, il interviewe le Dr Van Lommel sur sa conception de la conscience :

« Je crois que la conscience est une composante primordiale et fondamentale de notre univers. Nous avons un corps, mais nous ne sommes pas ce corps ; nous *n'avons* pas une conscience, mais nous *sommes* cette conscience. Cela implique que notre ego, la partie accessible de notre conscience, n'est pas qui nous sommes. Une partie plus élevée de notre conscience est interconnectée avec tout, le passé, le présent et le futur. J'appelle cela la dimension non locale de la conscience. »

Le Père Créateur

Manuel Canovas, mon père, le frère aîné de quatre enfants, est un homme superbe, hidalgo, séducteur, avec un talent fou. Artiste, il déteste les artistes. Créateur, dessinateur, coloriste, il est un designer de génie, il révolutionne le monde de la décoration intérieure à l'heure où la mode était aux motifs vieillots, marron, orange et jaune, les années soixante-dix et quatre-vingt. Son sens de l'esthétique, son œil, ses harmonies de formes et de couleurs ont imprimé en moi son style. Il a l'habitude de consulter des astrologues, des voyantes et des cartomanciennes. Il a hérité d'un certain goût du mystère tout en gardant le secret de ce « penchant ». Il est si sévère, la punition facile et injuste, les coups de ceinture aussi. Il a des colères noires, je ne me souviens pas de geste tendre de lui, pas de « je t'aime », mais quelques rires quand même. Notre éducation est stricte, les enfants ne parlent pas à table, on fait la révérence, on se la boucle, on ne pleure pas. Malgré sa réussite extraordinaire, ses show-rooms dans le monde entier, papa s'endette. À 8 ans, alors qu'il grattait le sable après un pique-nique au bord de la Seine, il découvre une petite pièce usée, en la frottant, elle se mit à briller, émerveillé, il continue à chercher, apparaissent alors des dizaines de pièces visiblement anciennes et en or. La mairie du village est alertée, quelques jours plus tard, des fouilles officielles sont lancées, et très proche du rivage ils trouvent une galère gallo-romaine ensevelie dans le lit du fleuve. Papa constitue son premier trésor, il se met à collectionner. Les dessins anciens, les pots chinois, les assiettes anglaises, les objets précolombiens, le cristal de roche, les objets rares. Il ne paye pas toujours ses impôts, vit bien au-dessus de ses moyens, un roi, un empereur. Après trente ans de réussite, il perd tout jusqu'à son nom. Heureusement que sa troisième femme, héritière, a les reins solides, il ne coule pas complètement, mais il s'effondre. Courageux, il remonte une boîte, Lorca, avec des associés anglais, à plus de 80 ans, il continue à dessiner et à éditer des tissus.

Au milieu de la forêt

En 1974, mon père et mon oncle, jeune architecte, conçoivent et lancent la construction de notre maison de famille en Sologne. Elle est de l'autre côté d'une petite forêt de bois laricio, des pins que l'on appelle des essences de lumière et qui font une frontière naturelle entre la maison de mes grands-parents maternels, Piaps et Granny.

Ils l'ont conçue comme une maison de Southampton, côte Est des États-Unis, moderne, salon très haut de plafond, une mezzanine bibliothèque traversante, tout autour de la maison de grandes baies vitrées. Elle est au milieu de la forêt, à plusieurs kilomètres du premier village, et juste en contrebas la rivière magique, La Sauldre, le lit de la rivière et de mes rêves. Accroupie, je guette l'homme-poisson, mon prince qui sortira de l'eau, mon rendez-vous, mon évidence. Je le guette pendant des heures, les yeux rivés sur la surface de l'eau marron vert, même si je suis beaucoup trop petite pour ça ! L'amour, ça me passionne. Vite ! Vite ! Je veux être grande pour pouvoir enfin le vivre !

Les bords de la rivière avec ses plages de sable, ses cailloux, ses fougères et ses bras morts. Dès que je vois des pierres, je cherche des fossiles, les retourne une à une, ramasse le cœur battant ceux que je trouve, et rentre à la maison les poches lourdes. Je suis émerveillée, je trouve des trésors, des preuves du passé.

La maison est très lumineuse, sur la cheminée centrale domine un trophée de buffle chassé en Afrique par mon père. Autour d'une immense table basse tressée et laquée couleur crème campent de grands canapés aux motifs géométriques bleu et blanc, rouge et blanc. Les couleurs sont primaires des tableaux de Tzapov, ses portraits d'Indiens d'Amérique. Les visages tannés des Indiens peuplent mon enfance, leur regard intense, leur force guerrière, leur air farouche, leurs cheveux longs, leurs parures de peaux, d'os et de fourrures.

Sous la longue console en chêne clair qui longe la baie vitrée sont posés à même le sol des bois flottés aux formes sensuelles que mes parents ont rapportés des îles tropicales ; sur la console, de gros œufs peints en céramique, des sculptures d'oiseaux aux couleurs patinées. Et çà et là, des fruits en argent de Russie dans des paniers, des livres d'art ethnique, des photos, des objets de curiosité et des coiffes en plumes d'Indiens d'Amazonie.

Maman est aussi l'aînée des quatre frères et sœurs, le sosie de Romy Schneider. Elle a été l'alter ego de mon père, son équilibre, et la mère de ses trois premiers enfants. Ils passeront dix-sept ans ensemble. Elle est artiste aussi, très créative, elle a le sens de l'esthétique de la maison, de la table, elle cuisine divinement. Elle lit beaucoup, mais en diagonale, adore l'opéra, l'art et qu'on lui foute la paix. J'imagine qu'elle a dû s'éloigner de sa sensibilité très petite, comme si elle s'était enfermée dans une bulle, je ne sais pas ce qui lui est arrivé, elle non plus.

Elle semble indifférente, survole la vie, comme les bouquins, rien ne la touche. Je suis folle de maman, j'attends son retour le soir pour lui raconter ma journée, elle, assise devant son miroir dans son mini dressing où elle se prépare à sortir, est exaspérée, elle me dit : « Non... Pas maintenant... », et me pousse doucement avec son pied.

Cela me brise le cœur, je meurs d'envie d'être tout près d'elle, de lui parler.

Elle est belle...

Elle est loin...

La grande cuisine est en bois, les plans de travail en grès noir, des dizaines de paniers ramenés de tous les pays ornent le plafond, des collections de pots italiens couleur terre longent les étagères, c'est le centre de la maison, notre lieu de vie. En bas de la maison, des dizaines de rhododendrons blancs, roses et violets s'élancent le long de la rivière et autour de la maison, plantés savamment, des rosiers rares et odorants que papa m'apprend à tailler, c'est un art. Le long du toit jusqu'à la porte d'entrée, de la glycine offre des grappes généreuses mauves et parfumées, à droite du garage un petit champ de lilas, des blancs, des roses, des violets. La maison est entourée d'une grande pelouse bien verte, il a planté des arbres fruitiers qui peinent à donner leurs fruits et des chênes d'Amérique qui colorent l'automne de multiples teintes rouge, orange et or.

Il aime passionnément les fleurs et les arbres, il crée un éden au milieu des bois.

À l'époque de mon enfance, c'est la mode des pot-au-feu, je regarde avec horreur la langue de bœuf arriver du marché, déballée sur le plan de travail, puis cuite, puis dans mon assiette, plutôt mourir que de... Mais je suis obligée de la manger en dissociant ma conscience, mon imaginaire du moment présent. Papa aime la musique, ses goûts sont éclectiques, il est fou de Mozart, des ragas indiens ; les tablas, les cithares et la musique classique me font l'oreille.

Un soir, nous arrivons tous les cinq de Paris pour le week-end, il y a des steaks hachés pour le dîner, je trouve que ça a un mauvais goût, ça me donne envie de vomir, pourtant je ne suis pas difficile.

Je dis lorsque l'on me sert :

— Ohh non, je n'aime pas.

Papa se lève brutalement de table, dans l'explosion d'une terrifiante colère, il m'attrape par le cou, me traîne dans les escaliers et me jette dans ma chambre en hurlant :

— Tu n'as pas le droit de dire que tu n'aimes pas !

Et il claque la porte.

La première heure, secouée par des larmes et par la panique, j'attends maman. Il me semble évident qu'elle va venir, je tremble de tout mon corps, je ne comprends pas ce que j'ai fait de mal, j'ai quatre ans et demi, ça, je le sais. Elle va venir me prendre dans ses bras, me consoler, me dire que c'est injuste, sécher mes larmes. J'attends deux heures, des heures, je n'arrête pas de pleurer, recroquevillée par terre au pied de mon lit, la tristesse m'étreint et me serre la gorge, j'ai le vertige, j'ai si mal. Le lendemain matin en me réveillant, j'espère, j'attends maman ou Léo, mais toujours rien, les minutes, les heures sont si longues, je n'ai pas de montre, je flotte dans une éternité d'attente. Je regarde les motifs du papier peint « Coralito », des milliers de petits coraux roses sur un fond blanc, le tissu des baldaquins, les couvre-lits, les coussins sont du même motif, une chambre de princesse, pas de jouets, heureusement, il y a une peluche singe, avec une bouche rouge que Léo a dessinée au rouge à lèvres, je la serre fort contre moi. Pendant deux jours, je pleure, je pleure et j'essaye de comprendre…

J'entends Léo et Alvaro courir dans le couloir, rigoler, mon cœur bat plus vite, vont-ils ouvrir la porte ? Je les guette, leurs bruits, la vie s'approche et s'éloigne, et je suis toujours enfermée. Suis-je mauvaise ? Maman ne viendra pas. Ni personne.

Dimanche soir, au moment de rentrer à Paris, on m'ouvre la porte, la punition est levée.

Tic-Tac « Je suis en retard ! »

Cette attente abyssale me poursuit toute ma vie, je m'efforce d'inattendre, ne rien attendre... Je suis extrêmement ponctuelle, je calcule les minutes dans ma tête, chaque trajet, chaque imprévu, j'anticipe tout, je ne ferai jamais attendre personne, je ne peux pas.

Ce schéma se représente inlassablement dans ma vie. On me pose des lapins, on arrive en retard, on se trompe d'heure, de jour, de mois.

Vers 30 ans, je sors même avec un homme qui arrive toujours deux ou trois heures en retard à nos rendez-vous, et quand je lui demande comment il peut arriver tellement en retard, il me répond nonchalamment :

— Oh ça va... Fais pas d'histoires pour quelques minutes !

Je suis incapable de partir, je reste scotchée, les yeux rivés sur ma montre, ça dure trois ans, je suis à l'agonie, je ne suis même pas follement amoureuse de cet homme, mais je veux gagner, je hurle, rien n'y fait, je suis dans cette prison familière, consciente et inconsciente. Enfermée, j'attends, mais personne ne vient.

Les racines de cet enfermement ont une empreinte profonde, ces sentiments d'abandon, d'injustice, d'incompréhension me visitent régulièrement, j'ai l'impression de mourir, je me sens comme une merde.

Tout mon être se dissout dans la moquette, je ne suis rien.

Le deuxième effet traumatique de cet événement est que je n'ai pas la possibilité de dire ce que j'aime ou pas. La punition démesurée à « je n'aime pas » est trop lourde. Sans le savoir, mon père me conditionne à répondre aux désirs de l'autre, mes propres désirs sont dangereux, donc à renier ; au fil des années, ils me deviennent inaccessibles, ainsi que mes besoins.

Éduquer pour élever, poser des limites et un cadre pour rassurer, mais décharger sa violence sur un enfant a un impact phénoménal.

La Datcha des bois magiques

Nous allons presque tous les week-ends dans notre maison, et souvent aussi pendant les vacances, la merveille, c'est la maison de Piaps et Granny. Oncles, tantes, cousines et cousins vont et viennent, il y a des rires, des verres après la messe du dimanche, des jeux et des confidences, nous faisons tous sans arrêt des allers-retours comme d'une île à une autre.

Piaps, le père de ma mère, est poète, dessinateur, conteur et farceur. Ses racines sont solognotes, trois petites maisons au milieu de la forêt. Je l'accompagne parfois à l'aube à la chasse, le fusil sur son épaule, le givre craque sous nos pieds, les faisans s'envolent lourdement à notre approche, j'ai appris à poser des collets, pour braconner un peu, c'est quand même le pays de Raboliot ! Mais je n'attrape jamais rien, je ne veux pas tuer. Son chic *british*, ses chemises en flanelle à carreaux raffinées et élimées, sa moustache, il est beau, le Clark Gable solognot. Il me raconte la fée Georgette et le loup Gilbert, et me dit que de vrais lutins se sont installés sous mon lit, pour les voir, il ne faut surtout pas faire de bruit sinon ils se transforment immédiatement en schtroumpfs en plastique, mais le parquet craque toujours quand je m'en approche... Plusieurs générations de sa famille importaient « vins fins et spiritueux » à Saint-Pétersbourg et à Moscou. L'âme slave est omniprésente, Tolstoï, Dostoïevski, Gogol, la littérature russe bien sûr, les gravures, et le vinyle de *Pierre et le Loup* de Prokofiev passe en boucle dans la grange. Je garde une tendresse particulière pour le rituel de Noël : Piaps appelle ses douze petits-enfants dans la cuisine avant le dîner, il a rempli quelques dés à coudre de vodka, nous en prenons un chacun en faisant bien attention de ne pas en renverser une goutte et *Nasdrovia* !

Nous avalons notre shot cul sec, allez, hop !

Le liquide nous brûle la gorge mais... quelle excitation ! Piaps fait des blagues, se déguise, l'œil farceur, le verbe moqueur. Mais c'est aussi un grand sensible, un poète, l'officier n'est pas complètement rentré de captivité où il a passé presque toute la Seconde Guerre mondiale.

L'âme slave... Rire et pleurer...

Ma grand-mère maternelle, que l'on appelle Granny, est une des petites-filles d'une illustre famille de joailliers, les Chaumet. Son père, un des trois frères héritiers de la maison Chaumet, est déshérité pour cause de folie. Il finit sa vie dans une chambre de bonne où il entasse du sol au plafond des piles de vieux journaux.

Granny a un humour fou, elle est d'une grande beauté, blonde, raffinée et piquante. Ma grand-mère a du chien et un langage coloré de mots d'argot, elle dit par exemple « pébroc » pour parapluie, « yoyoter » pour divaguer, probablement des habitudes prises quand elle était ambulancière pendant la guerre. Elle a une façon de fumer des cigarettes à faire pâlir Greta Garbo, du bout des doigts, irrésistible. J'admire Granny, même avec sa conduite automobile exponentiellement dangereuse avec les années ! Granny est courageuse, généreuse, débrouillarde et tellement drôle.

Je commence à trouver des trèfles à quatre feuilles autour du puits de notre maison, à chaque fois, c'est un enchantement. J'en ai toujours cherché, et toujours trouvé, partout où je vais, dans n'importe quel bout de jardin, penchée sur l'herbe, je suis un détecteur de trèfles. Je les sèche entre les pages d'un livre, puis les mets sur un morceau de bristol rose fuchsia ou vert pomme que je découpe à la mesure du trèfle, et pose sans faire de pli ou de bulle du scotch dessus pour ne pas qu'ils s'abîment. Je les donne à ceux que j'aime. L'été 2021 sur l'île de Groix, j'en ai trouvé deux cent onze dans un petit jardin. C'était incroyable ! Je m'accroupis, je balaie les trèfles du regard, de la main, le jardin ne fait pas plus de quatre mètres carrés, je cherche dans les touffes des trèfles à trois feuilles, et apparaissent un, puis deux, puis trois, puis dix… trèfles à quatre et plus rarement à cinq feuilles. Mon cœur bat plus vite chaque fois que j'en trouve un, des milliers de petites étoiles scintillent en moi. Mais là, pendant quinze jours, c'est un festival ! J'ai acheté deux cahiers d'aquarelle, et les ai scotchés dix par feuille.

Tous ces trèfles que j'ai trouvés depuis l'enfance m'ont-ils porté chance ? Qu'annoncent ceux de l'été 2021 ?

La forêt est peuplée d'animaux, d'elfes, d'esprits de la nature. Je grimpe aux chênes, fais corps avec le tronc, les branches, les feuilles d'un vert tendre. J'écoute les piverts et ris en pensant à Woody Woodpecker ; dans les sous-bois, la mousse est le théâtre du monde des lutins, les souches d'arbres morts, leurs temples. Je n'ai jamais peur dans la forêt, c'est mon pays ; s'il m'arrive de m'y perdre, je m'endormirai dans la couche d'un grand châtaignier, sur son berceau, entre ses bras. L'été, la bruyère est violette et mauve, les genêts jaune d'or diffusent un parfum suave. Les fougères sont parfois plus grandes que moi, j'entends les sangliers qui fourragent près de la rivière. Quand je marche le long du chemin, je fais peur à un faisan empoté qui met beaucoup trop de temps à s'éloigner, il n'a pas l'air de savoir voler. J'évite de marcher sur les scarabées noir irisé qui croisent mon chemin, ils sont si beaux. J'aime tant la forêt, tout m'enchante, même la nuit, lorsque dans mon lit j'entends les chouettes hululer.

La folie des grandeurs

Il me terrorise, il m'émerveille. Mon père a ce goût absolu du beau.

Il collectionne ces oiseaux sculptés en bois, les appelants, des antiquités, souvent des canards, des leurres pour la chasse. Je le vois les dessiner sur de grandes feuilles blanches. Son coup de crayon est spectaculaire, d'une précision d'où naît la beauté. Il a des mains carrées, très belles, la peau mate, les ongles blancs coupés impeccablement, et tient son crayon avec une élégance à la fois assurée et inspirée. Ses traits sont si justes, la perfection…

Ses dessins se muent en tissus, papiers peints, moquettes, tapis, tentures murales. Recouvrent des chambres, des salons, des salles à manger chez les gens. Il est un créateur de génie, son goût est indiscutable, ses harmonies de couleurs et de formes incontestables, au-delà du talent, c'est son don.

Il est pour moi un dieu créateur.

Au firmament de leur réussite, mes parents n'ont pas que ça à faire.

Ils reçoivent beaucoup, souvent des journalistes et des photographes viennent les interviewer, faire des portraits d'eux, mon père est une star, ma mère incroyablement belle. Je pose enfant pour les publicités des tissus Canovas pour Yves Bourdin, John Stewart, Tony Kent, les photographes en vogue, ces moments sont à la fois une possibilité d'attention et une source de vide. Nous sommes souvent dans les magazines : on est tous les cinq beaux, la famille idéale, rêvée...

Enfant de... ça donne l'impression d'être née de la cuisse de Jupiter, d'être issue de l'aristocratie du beau mais sans le bien et le bon.

Enfant de... ça donne aussi des passe-droits, l'admiration qu'évoque mon nom de famille auprès des adultes me pistonne à l'école, auprès des parents de mes amis.

Enfant de... ça garantit un futur exceptionnel, une vie de conte de fées.

Entre ce plein et le vide que je ressens en moi, je vogue, j'absorbe la beauté qui m'entoure et j'attends de grandir.

J'ai bientôt 10 ans, nous emménageons dans un hôtel particulier gigantesque au cœur de Saint-Germain-des-Prés, le début d'une autre ère, les énergies mutent.

Papy est très malade, il lui faut des soins quotidiens. Mamy Rose est épuisée de s'en occuper, elle dépérit aussi, alors ma mère décide de l'installer à la maison. Le père de mon père est espagnol, dessinateur, peintre et magicien. Ses frères, restés vivre à Murcie, ont vécu des années sans jamais travailler, vendant l'un après l'autre les livres rares et précieux de leur extraordinaire bibliothèque ésotérique familiale. Au fin fond du sud de l'Espagne, dans cette maison que je n'ai jamais connue, on me raconte qu'ils faisaient venir le beurre de Normandie, les tulipes de Hollande, le café du Brésil.

Papy fait des sorties de corps, a essayé l'opium, l'absinthe, flirte avec l'occulte ; les mondes invisibles ne lui sont pas inconnus. Il a des yeux noirs perçants, un long nez, il est tous les jours habillé en costume trois-pièces, impeccable, tiré à quatre épingles dans son atelier où s'accumulent tableaux et dessins, et où l'odeur de térébenthine pique le nez. Il garde jusqu'à sa mort son puissant accent espagnol malgré soixante années de vie parisienne. Il croque une gousse d'ail tous les matins pour mieux faire circuler son sang. Il a quitté l'Espagne pour travailler en France, à Paris, au cœur de la mode, il dessine les motifs pour les tissus de haute couture.

Il soigne les douleurs du corps et les brûlures avec ses mains, et nous fait des tours de magie avec de la poudre de perlimpinpin. Papy est fascinant, terrorisant, drôle et intense. C'est l'homme le plus jaloux, le plus tyrannique de l'univers, mais je l'adore.

Mamy Rose, ma grand-mère paternelle, est née en Bretagne dans un tout petit village des Côtes-d'Armor, Pommerit-le-Vicomte. Elle me raconte que dans son enfance, il n'y avait plus aucun homme dans son village à part le prêtre. Son père, ses oncles, ses cousins, ses voisins, tous sont morts lors de la Grande Guerre de 1914-1918. Elles sont venues vivre à Anthony, à côté de Paris, avec sa sœur et sa mère dentellière, elles sont pauvres, Mamy Rose a honte. Elle a un rêve d'enfant, un rêve de réussite : devenir institutrice. Mais elle trouve alors un travail de dessinatrice rue Saint-Roch à Paris, dans l'atelier de dessin de mon grand-père. Ils se marient, ont quatre enfants, il la trompe allègrement et lui fait des crises de jalousie terribles, il est le seul homme qu'elle ait jamais connu. Elle a la peau blanche diaphane, les yeux mauves, elle est douce et sent si bon la rose. Mamy pousse toujours un cri d'émerveillement « Ohhhhhhhhhh ! » quand elle ouvre un cadeau, elle est très gaie et me dit que le champagne est le seul alcool qui rende belles les femmes.

Papy décline, malgré sa gousse d'ail matinale, il a une maladie du sang. Il passe les dernières semaines de sa vie à la maison. Il divague la plupart du temps, parfois je mens à la garde-malade prétextant un rhume, je me sens coupable, mais je crains d'aller le voir dans sa chambre, il me fait peur. Un soir, il plonge ses yeux noirs et impénétrables dans les miens, solennellement, il m'offre son pendule et me transmet son don, je suis profondément touchée, je crois que lui m'a vue. Son pendule a la forme d'un gros crayon un peu court, il est en lapis-lazuli, d'un bleu roi intense. Je sens encore son poids, son balancement indépendant de ma volonté au bout de mes doigts, la magie.

Sa chambre est au-dessus de la mienne, la nuit, je l'entends crier avec son fort accent espagnol « Les dieux m'emporrrtent ! Les dieux m'emporrrrrrtent ! » ; et un soir, les dieux l'emportent. Il est mon premier mort et je suis obligée d'aller à l'école. Je m'adosse au marronnier de la cour de récréation, je me sens à la fois ici et ailleurs.

Dumbo au paradis

Ah ah ah ah !! Jolie petite fille mais ses oreilles... Quelles grandes oreilles ! Et bien décollées !

J'ai une frange, les cheveux coupés au carré, et elles dépassent toujours, comme si curieuses, elles passaient le bout de leur nez entre les rideaux. Dumbo, Stéréo, chou-fleur ! On se moque de moi, Léo compatit, le soir, elle m'enturbanne la tête avec un foulard bien serré pour les aplatir. Mais rien à faire, dès que je retire le bandeau le matin, elles se déploient et reprennent leur place, perpendiculaires à mon visage.

Léo doit se faire retirer des grains de beauté mal placés, mes parents font d'une pierre deux coups, ils prennent une chambre double dans une clinique, et on va me recoller les oreilles.

J'ai très froid sur le brancard qui m'emmène vers la salle d'opération, je suis morte de peur. Arrivée dans la salle, plusieurs personnes s'affairent autour de moi, une gentille femme me dit de compter jusqu'à dix en me posant un masque sur le nez, j'ai les yeux grands ouverts, à douze toujours bien ouverts. La gentille femme prévient que je ne suis pas endormie, je ne sais pas trop ce qu'il se passe, mais j'entends le monsieur dire :

— Passez-moi les lames !

Et là, rideau.

Je flotte... Je suis bien... Je ne me suis jamais sentie aussi bien... Mmmm... Enfin... je me sens immergée dans du bonheur... rien... que du doux... du bon...

J'ai le sentiment qu'on vient me déranger, j'entends une voix très lointaine... et puis mon nom.

Je veux qu'on me laisse tranquille, je flotte, je suis si bien... La voix se rapproche... *ène... éhene... Ben... Belen... Belen ? Non... Laissez-moi... je suis au paradis*... La voix insiste...

Soudainement, on m'arrache de mon cocon moelleux et, d'un coup, je reviens, je sens une petite brûlure sur la joue, une deuxième, je reviens brutalement dans mon corps, j'ouvre les yeux, une dame est penchée sur moi, la main relevée, elle a l'air inquiète. Non, je n'ai pas envie, je ferme les yeux, je repars... et là, délice, je flotte et je suis si bien... Pas question d'y retourner ! Je baigne dans une lumière blanche et multicolore, une lumière aimante et infiniment douce... Je suis bien... Je n'ai qu'un désir : rester...

La voix revient... se rapproche... Mon nom à nouveau, je sens que je dois y retourner, pourtant je n'en ai aucune envie. La dame crie plus fort, me tapote les joues, et je suis obligée de revenir, j'ai 10 ans, je me bats contre moi-même pour rester dans mon corps, et c'est vraiment difficile, c'était si bien là-bas. Léo, juste à côté, sautille comme une truite sur son lit, aucun problème pour la réveiller après son anesthésie.

Je n'étais pas juste endormie... Je n'étais plus dans mon corps... Je suis retournée à la maison, cet endroit que je recherchais dans mon berceau et qui me manquait tant. Ce lieu d'amour infini. Un endroit extraordinaire, je me souviens clairement de ne pas avoir voulu revenir, mais je n'ai pas eu le choix.

J'ai réalisé quarante ans plus tard que j'avais fait une NDE[1], quelque chose m'empêchait de faire le lien entre mon vécu et celui des autres « expérienceurs[2] ». Une amnésie traumatique

1. *Near Death Experience* en anglais ; EMI ou expérience de mort imminente en français.
2. Personnes ayant vécu une expérience de mort imminente ou provisoire.

qui faisait barrage, une protection. Cette sortie de corps, cette reconnexion, m'a reliée à la Source et a renforcé ma foi sur ce chemin. C'était probablement un besoin de sentir que nous sommes tous reliés.

Le pendule fluo

J'amuse beaucoup mes parents avec le pendule que Papy m'a donné, et moi, je me sens spéciale. Quand ils reçoivent le soir, ils me font venir en chemise de nuit dans le salon et leurs invités me posent des questions chacun à leur tour. Je fais très attention à ne pas le faire bouger moi-même. Ils sont tous très excités, ils essayent un peu de me piéger pour rigoler, mais les réponses sont justes, ils sont fascinés. Moi, je suis flattée et épuisée quand ça s'arrête. J'ai la sensation que l'énergie me traverse et me vide. Je retourne hébétée et fière de moi dans ma chambre. Je ne sais pas encore que ce jeu est dangereux, jouer avec l'occulte, les entités, le monde des esprits, j'aurais pu être infiltrée, squattée, manipulée. Mais je suis protégée, mon cœur est profondément lié au bien.

J'ai 10 ans, enfin mes parents divorcent. Mon père commence à avoir la folie des grandeurs, le succès lui monte à la tête. Je suis soulagée de cette séparation, leurs engueulades du soir, sa colère, sa violence, ses infidélités et ses mensonges me pèsent. Je sais ce qu'ils ne me disent pas, je sens une tension permanente, je rase les murs à la maison. Cette séparation me donne un sentiment de liberté mêlé à une profonde tristesse, papa me fait peur, mais je suis profondément attachée à lui et j'aimerais qu'un jour il me regarde avec tendresse, c'est ambivalent. Je ne suis pas préparée à disparaître complètement de son paysage. Mais il refait sa vie, littéralement. Il nous balaye hors de la sienne.

Quand mon père s'installe avec ma belle-mère, il ne cherche pas à nous incorporer à leur nouvelle famille, ou parfois, mais très mollement. Je me sens de trop, pas de place pour les enfants du « premier lit ». Le dieu créateur est très amoureux, il vit sa seconde jeunesse.

Maman a développé pendant une dizaine d'années toute la partie linge de maison de la marque, raffinement ultime, elle a des idées géniales ! La place de Fürstemberg à Saint-Germain-des-Prés est leur royaume, cette place, parfaite illustration du charme parisien, est ma nouvelle cour de récréation. Granny dirige le show-room de papiers peints et de tissus d'ameublement, en face il y a celui des tapis et des moquettes, maman a sa propre boutique *Sophie Canovas* à l'angle, elle crée les lignes de draps, de kimonos, de chemises de nuit, de sacs et de draps de plage, de vêtements pour la maison, elle aussi a ce goût sans faute et a des idées à l'infini.

Quand mon père la quitte, maman perd en même temps son mari, son travail, son nom, et en plus la reconnaissance de son talent.

Pendant deux ans, c'est le bonheur, nous emménageons, maman, Léo et moi, dans un appartement près des Invalides ; Alvaro, mon grand frère, part à l'armée. Bien sûr, l'appartement entier est décoré des dessins de mon père, une harmonie de fou !

Ma mère est entre deux mariages, elle est plus accessible et en même temps sort beaucoup jusqu'à ce qu'elle rencontre mon futur beau-père, Boris. L'énorme pression paternelle a disparu, le milieu des années quatre-vingt, la radio libre, la musique, les premières boums. Ma première pelle sur *We Are the World*, j'ai un petit copain, ça y est, je grandis ! Mon frère n'a plus de chambre ni chez notre père ni à la maison, il a 17 ans, son monde s'écroule, il serre les dents et squatte le canapé-lit du salon au bout de l'appartement pendant ses permissions. J'adore mon frère, je l'admire, et j'ai de la peine pour lui, je le vois avec son baluchon aller et venir, pour moi, il est grand, mais du jour au lendemain il n'a plus de maison. Il est toujours moqueur et critique avec moi, il me vexe souvent, il n'est pas très tendre, et je fais tout pour avoir son approbation, mon grand frère.

Une petite femme

Nous écoutons un groupe de rhythm and blues des années trente, The Ink Spots, la vie s'ouvre à nous sur des airs de ballades sentimentales.

Mon corps change, j'ai dix ans et demi, des seins et mes premières règles.

Je ne dis rien à ma mère ni à ma sœur non plus, nous vivons entre femmes, mais c'est étrangement tabou. Je me débrouille avec du papier toilette au fond de ma culotte, je saigne énormément, ce rouge, ce rouge, ce rouge, je tache tout et passe une semaine par mois à laver mes pantalons, mes culottes et mes draps pendant la nuit. Je n'ose plus dormir chez une copine, je passe des nuits blanches à serrer les jambes, je cache, je camoufle. Je vole parfois un tampon à ma mère, mais ils sont gros, ça fait mal. J'essaye de cacher ce rouge débordant, colonisant, les douleurs au ventre me torturent, et je cache, je camoufle. Je sais que ça s'arrête au bout de sept à dix jours.

L'été de mes 14 ans, je passe cinq semaines dans un camp à l'étranger, mes règles tombent la semaine de rafting, ça va être beaucoup plus facile, assise à cheval sur les boudins du raft, je peux, avec ma main, diluer mon sang, les autres ne voient rien, dès que je peux, je saute à l'eau, la nuit, je mets des couches de papier toilette au fond de ma culotte.

Il faut juste que je sois vigilante pour que personne ne le voie. Cet art du camouflage m'a petit à petit construit une armure, une sorte de poudre aux yeux, un « Regarde-moi bien dans les yeux, regarde comme tout va bien. Ne t'attarde pas sur moi, tout va bien »...

J'adorais monter à cheval, j'ai pris des cours de voltige de cheval, je montais à cru, ou bien sur des chevaux de polo, de 10 à 14 ans, j'avais des bottes, une bombe, mais pas de soutien-gorge. *Maman, tu n'as jamais pensé à m'acheter un soutien-gorge ?* Je me bande les seins bien serrés, j'ai honte, le trot est douloureux, à 14 ans, j'ai une jolie poitrine, je ne peux pas voler les soutiens-gorges de Léo, elle est déjà plus menue que moi. Je finis par abandonner, c'est plus facile d'arrêter de monter à cheval que de demander que l'on m'achète un soutien-gorge. Pourquoi ce silence ? Pourquoi ces sujets sont tabous ? Ce qui est lié à l'intimité, à la féminité est gênant. Je n'ose pas en parler. On ne m'en parle pas.

Ivresses occultes

Avec ma sœur, le soir, on regarde en douce des films d'épouvante, c'est la fin des années quatre-vingt, *L'Exorciste, Massacre à la tronçonneuse, Amityville, Cannibal Holocaust*... des films qui me hantent toujours. On joue au Oui-Ja, on frôle à peine de nos doigts un petit verre posé à l'envers et il bouge sur un carton où nous avons noté les lettres de l'alphabet ainsi que les chiffres de zéro à dix. Le verre se dirige d'une lettre à l'autre, formant des mots, et il va plus vite que nos doigts. Léo, avec ses yeux noirs, appelle toujours le diable, Satan. Les mots formés par les mouvements du verre sont le plus souvent des insultes, des menaces. Un soir, ça dérape, le verre s'éjecte contre le mur, le téléphone sonne et j'entends une langue inconnue et terrifiante au bout du fil, j'arrête tout, je suis terrorisée. Dès le lendemain, je file voir le prêtre de mon école, il m'écoute attentivement, il me prend au sérieux, je comprends alors que ce n'est pas une blague. Il me demande de prier, de me mettre sous la protection de Dieu, et comme je suis croyante, je m'exécute immédiatement.

Un soir, Léo arrive dans la cuisine, elle est dans l'encadrement de la porte, je vois son regard. Il est vide. Je sens le danger, je mets quelques secondes à réagir, elle repart, je cours vers elle, elle essaye de fermer la porte de sa chambre, je l'en empêche, elle tombe par terre, inerte, je reste calme, dans la salle de bains, une boîte de Temesta est vide, je sais ce que c'est, il y avait toujours des tas de boîtes de somnifères dans la salle de bains des parents. J'appelle les pompiers.

La première de ses nombreuses tentatives de suicide. Je développe alors mon observation, une hypervigilance, et si je n'avais pas décelé dans ses yeux le danger ? Et si elle s'était enfermée et que personne ne l'avait dérangée ?

Elle pouvait bouder des heures, on la laissait tranquille… J'apprends plus tard qu'à cette période, elle a été violée par un type.

Je n'en saurai pas plus.

Elle a 15 ans, j'en ai 11, elle fume des joints, sort en boîte, fait le mur.

Marie-Rose, la jeune fille au pair, est sa complice.

À ce moment-là se scelle quelque chose profondément en moi, une mission, moi, j'ai vu, pas les autres.

Je lui ai sauvé la vie ?

Je lui ai sauvé la vie.

Le chevalier prend sa place en moi, à partir de maintenant, on pourra toujours compter sur moi. *Ne t'inquiète pas ma Léo, je suis là.*

Je reste la même et en transformation permanente. Lorsque je relis certains écrits de mon adolescence, je me reconnais, je souris, toujours ces questionnements métaphysiques… Pourtant j'ai l'impression d'avoir vécu mille vies depuis ma naissance, pour certains le temps passe vite, pas pour moi. Je me sens très seule, je perçois d'autres mondes, d'autres présences, je crois en la magie. Enfant, je dévore toute la collection blanche et or « Contes et légendes » du monde entier, la mythologie grecque, nordique, les dieux indiens, *Les Mille et Une Nuits*. Lire… Quoi qu'il arrive, lire.

Ingrate adolescence

À 14 ans, dans le train de Paris à Lamotte-Beuvron, j'ai ma première claque ésotérique en lisant *Les Grands Initiés* d'Édouard Schuré, et plus précisément lors du chapitre « La vision d'Hermès ». Les sept sphères autour de la Terre, les sept sphères que l'on traverse lors de la montée et la descente des âmes, une semence lumineuse, les germes d'âmes.

« Regarde, écoute et comprends. Tu vois les sept sphères de toute vie. À travers elles s'accomplissent la chute des âmes et leur ascension. Les sept Génies sont les sept rayons du Verbe Lumière. Chacun d'eux commande à une sphère de l'Esprit, à une phase de la vie des âmes. Le plus rapproché de toi est le Génie de la Lune, à l'inquiétant sourire et couronné d'une faucille d'argent. Il préside aux naissances et aux morts. Il dégage les âmes des corps et les attire dans son rayon. – Au-dessus de lui, le pâle Mercure montre le chemin aux âmes descendantes ou montantes avec son caducée qui contient la Science. – Plus haut, la brillante Vénus tient le miroir de l'Amour, où les âmes tour à tour s'oublient et se reconnaissent. – Au-dessus d'elle le Génie du Soleil élève le flambeau triomphal de l'éternelle Beauté. – Plus haut encore Mars brandit le glaive de la Justice. – Trônant sur la sphère azurée, Jupiter tient le sceptre de la puissance suprême qui est l'Intelligence Divine. – Aux limites du monde, sous les signes du Zodiaque, Saturne porte le globe de la Sagesse Universelle. »

Assise dans ce wagon, je regarde le paysage défiler, chacune de mes cellules vibre, je me souviens, une porte de ma mémoire s'ouvre, ma conscience s'élargit, je suis sidérée. Comment puis-je me souvenir de ce texte que je lis pour la première fois ? Pourtant c'est comme si à sa lecture ma mémoire se réactivait, je connais ces passages d'une sphère à une autre, je connais ce cheminement de l'âme. Je l'ai déjà vécu, un nombre infini de fois, voilà l'effet que cela me fait. Dans ce train qui traverse l'horizon plat de la Beauce, mon être s'élargit, je ne suis plus juste moi, Belen, 14 ans, dans cette vie terrestre, mais je me sens beaucoup plus ample, la mémoire pleine de connaissances enfouies…

À la même époque, je fume mes premiers pétards, j'écoute du reggae en boucle, je connais par cœur tous les albums de Bob Marley, de Steel Pulse, de Burning Spear… Je demande à mon père de prendre des cours de musique, il refuse : « Nous sommes une famille de dessinateurs, pas de musiciens ! » Alors je cherche une école, je trouve Impro, c'est dans le quartier de Strasbourg-Saint-Denis, j'y vais un mercredi après-midi. Je suis impressionnée par l'école, les locaux sont vastes, il y a une super ambiance, tout le monde est jeune et beau. Je choisis « batterie reggae », on me prévient que c'est spécialement difficile, le rythme est à contretemps, je m'en fous, je suis tellement excitée !! Je peux me payer une session par semaine, deux heures le mercredi après-midi, chut… Il faut que ça reste secret ! Le sublime prof de musique qui enregistre mon inscription m'explique :

— Il y a une heure de « Cours pour apprendre » où vous êtes tous instruments confondus, pour apprendre mieux et plus vite, et la deuxième heure tu auras un cours de batterie.

J'ai l'impression d'être aux États-Unis, dans un collège de branché, je suis aux anges…

Je suis assidue, le « Cours pour apprendre » est fascinant, on apprend à nous concentrer, à utiliser nos capacités, même celles que l'on n'imagine pas que nous avons, nous apprenons à avoir confiance en nous…

Au bout de trois mois, le directeur de l'école vient nous présenter un livre que nous devons tous lire, un livre qui détient des clés extraordinaires à portée de main ! Je l'achète, commence à le lire à la maison. Ce livre s'appelle *La Dianétique* de L. Ron Hubbard.

C'est vrai qu'il est intéressant, un peu magique.

Un mois plus tard, toujours lors du « Cours pour apprendre », on nous fait remplir un long questionnaire, tous les jeunes guitaristes, chanteurs, saxophonistes... dans la salle le remplissent. Les cours de batterie reggae sont assez difficiles, heureusement mon prof est très cool, très exigeant, charmant, et comme je n'ai pas de batterie à la maison, je m'exerce sur des boîtes en métal, en carton, au moins une heure par jour. J'ai les baguettes à la main, je ne me sens plus !! Ça envoie !

J'attends chaque semaine mon cours du mercredi, il y a plein de garçons stylés et mignons.

Deux semaines plus tard, ils nous demandent de faire une expérience innovante. Un par un, nous sommes appelés dans un petit bureau, il y a une sorte de boîte noire avec des câbles, un « détecteur de mensonge », une des personnes de l'équipe d'Impro me branche sur la machine, il s'agit juste de coller des capteurs sur mes bras, sur mes tempes... et me repose les questions du questionnaire avec la feuille de mes réponses à la main. Je réponds et stresse un peu de me tromper. J'ai l'impression de passer une sorte de test, et ce serait mieux de réussir... Je trouve ça bizarre, de plus en plus bizarre. Et je n'aime pas ça.

En rentrant chez moi, je regarde la quatrième de couverture du bouquin *La Dianétique* et je comprends que c'est la Scientologie. J'ai entendu parler de cette secte, nous sommes en 1988 et il n'y a pas Internet.

Je suis choquée.

Je comprends que le « Cours pour apprendre » est une initiation à la Scientologie.

J'ai 14 ans.

Personne ne sait que je vais à Impro depuis des mois. J'envoie un courrier pour leur dire que je ne viendrai plus. J'ai peur. Ils m'écrivent pour me dire que ce n'est pas possible, que je me suis engagée pour un an, que l'année n'est pas terminée...

Je ne réponds pas et ouvre en tremblant une lettre d'eux tous les quinze jours. Ils me poursuivent presque une année. Je sens que je me suis sortie d'un piège, j'ai froid dans le dos. J'attends patiemment qu'ils m'oublient.

Le train fantôme

Le soir, quand tout le monde est couché, je joue à me faire tomber dans les pommes, j'adore ça ! Je suis allongée sur mon lit, je me détends, puis je gonfle mes poumons d'air, je comprime, je tiens le plus longtemps possible, et brusquement je me lève et là, je sens une compression sur mon crâne, un bourdonnement dans les oreilles, tout est noir et je tombe. Lorsque je me réveille, je ne sais plus où je suis, qui je suis, je regarde autour de moi, ma chambre, et je me souviens et je reprends connaissance. La fois de trop, j'ai eu peur. Quand j'ai perdu connaissance, j'ai traversé une sorte de tunnel, et j'étais comme assise dans un train, je regardais par la fenêtre, et le paysage, c'était toute ma vie qui défilait, moi fœtus, bébé, petite fille, jusqu'à maintenant. J'ai senti que je partais trop loin, j'ai eu la frousse, je suis revenue et je ne l'ai plus jamais fait.

Rock'n'roll et école

Le soir, de temps en temps, Léo me demande de tenir la porte de sa chambre, elle se fait un trait de poudre plus ou moins blanche sur la vitre de son bureau, ça me fait bizarre et en même temps c'est excitant, j'ai l'impression de vivre dans le film de Barbet Schroeder, *More*. Les rares cadeaux de mon père disparaissent de ma chambre, Léo ne dort jamais la nuit, je l'entends fourgonner dans sa chambre jusqu'à l'aube. Alvaro fait quelques apparitions, mais sa vie est ailleurs. La musique me nourrit, m'apaise, me fait du bien. Comme pour tout, je vais au fond des choses, je plonge, j'écoute mes albums vinyles un million de fois, The Doors, The Rolling Stones, Fela Kuti, les JB's, Paul Williams et son *Phantom of the Paradise*, Hair, Simon and Garfunkel, Supertramp, David Bowie, Queen et mon chouchou The Velvet Underground avec ses mélodies aussi perturbées que mon âme.

Quand je fais mes devoirs le soir, j'écoute les *Nocturnes* de Chopin, un peu triste, ma tension intérieure se calme. Mais je ne vais pas mentir, je n'ai jamais bien travaillé à l'école. J'aime passer par mes chemins, j'ai une sorte d'intuition des chiffres, mais en maths il faut apprendre par cœur, et j'en suis incapable. Je rêve d'amour, je suis raide amoureuse de Christopher, le copain d'enfance de mon frère, il a cet air doux, gentil, pilote automobile, il m'emmènera quelques années plus tard en cas de détresse faire des tours de périphérique à moto, une moto japonaise, épousant les courbes de la moto, la vitesse me galvanise et me libère. Nous garderons une tendre amitié.

Je suis mal dans ma peau, j'ai 15 ans, j'ai des crampes d'estomac dès que je sors. Je ne sais pas être légère, insouciante.

Je ne comprends pas les codes, je m'ennuie. Je regarde les jeunes de mon âge, j'aimerais tant avoir leur facilité. Ces bandes, ils se connaissent depuis toujours, se chambrent, rigolent, alors qu'une vanne peut me dévaster durant des jours. J'arrive mieux avec les amis de ma sœur et de mon frère, ils sont plus âgés, c'est plus facile.

Je fais semblant, j'ai des amis. Comme je roule les pétards de Léo et d'Alvaro dès ma tendre adolescence, j'ai vite appris à en faire tomber un peu sur mes genoux en douce, quand j'en ai assez, je roule pour moi et fume mes premiers joints. Je me décale, me réfugie dans cette drogue. Je ressens tout plus intensément mais de plus loin.

J'aimerais être ailleurs, être quelqu'un d'autre.

Je vois les faux-semblants, les trahisons, les mensonges.

J'entends les pensées.

Je suis romantique à mourir et Elton John berce mes désirs d'amour…

Je continue à voir des gens là où il n'y a personne, les mystères m'attirent toujours, mais mon monde se réduit, je rêve d'impossibles.

Je fuis… je fuis…

Presque grande, enfin

Les années passent difficilement, Léo les traverse en flirtant avec ses ombres. Mal-être, drogues dures, tentatives de suicide, nuits blanches, mensonges. Elle a quatre ans de plus que moi, elle est brune, très menue, intense, les yeux noirs, du signe du Scorpion. Elle est intelligente, belle, espiègle, kamikaze, drôle, sexy, rock'n'roll, *dark*, peut bouder durant des jours, hypermenteuse. Elle est trop généreuse, tellement attachante, je veille sur elle, constamment. On se ressemble, tout le monde le dit.

Léo fait des cures de désintoxication, part au « Chase » en Italie, la cure du Vatican, deux ans à Rome, des séjours à l'hôpital, ne veut plus vivre, a une pêche d'enfer, se marie, retombe dans l'héroïne, a toujours un nouveau projet de boulot.

J'emmène Léo en Sologne pour la sevrer. Au téléphone, je reconnais sa voix quand elle est défoncée, j'alerte mon frère, j'accours chez elle, il y a de la dope partout, des restes de lignes d'héroïne sur des CD, des petits paquets en papier ouverts, de la poudre ici et là. On prend la route, mon frère est au volant, je tiens la tête de Léo à l'arrière de la voiture, elle me fait peur, elle est presque inconsciente.

Alvaro passe ses journées à pêcher et à chasser, on se retrouve pour les repas.

Moi, je m'occupe de Léo : ses crises de possédée, ses supplications pour avoir un demi-Lexomil en rab, ses vomissements, la laver, tenir le coup quand elle hurle de douleur, ne pas céder à ses demandes, lui sécher ses larmes, écouter sa détresse, entendre les pires horreurs, ses insultes, lui caresser la joue, la laver encore, la rassurer la nuit quand elle fait des cauchemars.

Deux semaines d'horreur, de tourmente.

Quatorze jours où j'improvise un sevrage.

Je me sens utile, j'ai une place.

Je me sens la plus responsable de la famille, celle qui voit. Je me sens forte aussi. Mais la gravité s'installe en moi, je ne vis pas la même chose que ceux de mon âge, je ne suis ni ado ni adulte, et pas tout à fait sûre d'être.

Léo a des piluliers, pleins de médicaments religieusement et sporadiquement avalés. Elle est très créative, super *girly*, j'ai mes plus grands fous rires avec elle, je l'aime. Je suis là pour elle, toujours, je lui apporte ses listes interminables d'affaires là où elle en a besoin, souvent à l'hôpital, nous avons une infinie complicité, mais parfois elle me rejette, me déteste et se referme, et toujours elle me jalouse.

Sang-froid et peur bleue

Un soir, elle est de retour à la maison pour cause de peine de cœur, son fiancé a annulé le mariage quelques semaines avant. Elle est désespérée, elle pleure sans arrêt depuis trois jours, je toque à sa chambre pour lui dire que le dîner est prêt, elle me répond qu'elle n'a pas faim, elle fourgonne dans sa chambre, elle me demande de la laisser tranquille. « Bonne nuit. »

Je rejoins ma mère et mon beau-père dans la cuisine, nous dînons, c'est morose, Léo a toujours donné la teinte à la maison : quand elle est mal, une chape de plomb pèse sur nous tous ; quand elle est bien, la joie pétille partout. À la fin du dîner, je vais quand même taper à sa porte, elle ne répond pas... « Léo ? »

J'ouvre la porte, je la vois toute petite sur son grand canapé-lit qui prend toute la pièce. Je vois briller une minuscule larme au coin de son œil. « Léo ? Ça va ? » Elle ne me répond pas, je m'approche de son lit, et par je ne sais quelle intuition, je tire ses couvertures, apparaît soudain une marée rouge, tout est rouge, du sang, ses bras sont tailladés de dizaines de traits, ça saigne, ça coule. Je remarque une boîte de somnifères vide sur sa table de nuit, il faut faire vite. Je ne sais plus ce que je lui dis mais j'essaye de la rassurer, elle regarde dans le vague. J'ai 17 ans, la tête sur les épaules, je vais assurer, oui, je vais assurer ! Je la secoue un peu, l'assieds dans son lit, puis fouille dans sa salle de bains, je trouve des protège-slips, parfait. Avec du coton et de l'eau, j'essuie le sang qui s'écoule de ses coupures, il y a tellement de sang, je ne veux pas que maman voie ça, c'est insoutenable. Je fais des pansements Nana, elle est comme une poupée de chiffon, sa tête à elle ne tient plus trop sur ses épaules, je garde mon sang-froid, je l'habille, fais vite, ne panique pas. Une fois qu'elle est prête, je cours dans la chambre de maman et Boris, et le plus posément possible je leur explique qu'ils doivent l'emmener tout de suite aux urgences, je ne veux pas que maman soit choquée, mais ça va, Léo est chlasse, mais propre.

Très vite, ils s'en vont à l'hôpital.

La porte d'entrée claque.

Je suis seule.

Sonnée.

Je retourne dans ma chambre.

Choquée.

Je sens que je pourrais devenir folle un jour, j'encaisse, je sais que j'encaisse, mais tout le monde s'en fout. Et puis c'est vraiment dur pour Léo, moi, je suis forte, moi, je ne compte pas. Elle part dans une maison de repos, reprend des forces, plus tard elle portera des multitudes de bracelets et se fera tatouer pour cacher ses cicatrices indélébiles aux poignets.

Jeunes femmes partagent appartement

La décision prise par mes parents juste après me laisse encore perplexe.

Nous emménageons avec Léo rue de la Cavalerie dans le 15e arrondissement. C'est un petit appartement avec un salon et deux chambres. Là, c'est du grand n'importe quoi. Les amis de Léo défilent à la maison, c'est pétards-land, musique, sorties, la grande époque de la boîte de nuit sur les Champs-Élysées, le Queen. C'est la valse des copains et des types louches. Léo parfois frise l'overdose, je la ramasse par terre, nue, inconsciente. Mais c'est aussi un peu le rêve, vivre seule à 17 ans. Je vais dans une école de prédélinquants (toujours un peu perplexe) pour faire ma première et terminale littéraire et artistique. L'école est géniale, tout le monde est très atypique, je me sens mille fois plus à ma place que dans l'école religieuse en uniforme où j'étais avant. Dans cette école de bonnes sœurs, j'ai fait l'école buissonnière si souvent que j'ai fini par me faire virer, grand bien m'en fasse ! Je vois parfois mon père, mais cela fait déjà bien longtemps que nous ne sommes plus invitées à dîner, en vacances ou à Noël.

Papa est d'une extrême exigence envers nous.

Nous sommes des ratés.

Au beau milieu de la terminale, Léo en a marre de vivre avec sa petite sœur, elle me reproche tout et surtout n'importe quoi, on rend l'appartement. Je me retrouve à la rue, squatte chez ma cousine Benji, chez mon meilleur copain Fra et n'importe où parfois.

Nous sommes dans un milieu parisien où l'on se délecte des fragilités, où notre famille qui avait inspiré bien des jalousies se retrouve au centre de rumeurs dégueulasses. Pourtant pas besoin d'en rajouter, mon quotidien est fait de boules au ventre, de peurs, de honte, franchement rien à envier.

Mes parents, tous les deux remariés, vivent leurs vies, nous laissent nous débrouiller dans un Paris « *Sex, drugs and rock'n'roll* ».

J'ai 12 ans lorsque je vais pour la première fois en boîte de nuit, le *Palace*, j'ai un jeans neige et un T-shirt blanc, ma cousine Benji m'y emmène pour que je ne passe pas une énième soirée seule à la maison, ça, c'est sympa, et me voilà au milieu de la faune éclectique des noctambules. J'ai connu les *Bains douches*, le *Bus Palladium* et très vite le monde de la nuit. À 16 ans, je suis physio quelques soirs à l'entrée du *Whisky-à-gogo* ; à 17 ans, je suis barmaid aux soirées branchées, je vais aux fêtes des templiers, assiste aux débuts de la House française, la French touch. Je goûte aux acides, aux ecstasys, à la coke, je fume des joints tous les jours. Mes copains sont plus âgés que moi, tout va bien, et en plus j'ai une règle d'or : quoi qu'il arrive, je reste digne et j'assure mon lendemain. Cela va sans dire, mes parents ne se doutent de rien.

Aujourd'hui, je remercie le ciel et moi-même de ne pas avoir complètement dérapé. Le monde de la nuit attend ses proies. J'ai été protégée, incroyablement protégée, c'est peut-être ce lien avec plus grand que moi, ma foi, ma spiritualité, qui m'a toujours guidée.

La part d'ombre de Léo la submerge, elle prend tous les chemins de traverse et s'est perdue. Léo pourrait être un ange, mais elle est tentée par le diable.

Mon père me coupe les vivres quand j'ai 18 ans, il ne m'aidera plus, il s'est fait tout seul, il ne veut pas me payer d'études. « Travaille ! » Il me trouve mauvaise mine, mal attifée, toujours trop grosse ou trop maigre, s'il savait comment je vis... Il ne se pose pas de questions. Jamais de coup de main, toujours l'œil critique. Il vit avec ma belle-mère et ma demi-sœur dans un hôtel particulier au Trocadéro ; chez eux, c'est somptueux, objets de collection, petit personnel et raffinement suprême. Ma mère, quand elle peut, me donne un coup de main, mais elle vit avec Boris et il a besoin de toute son attention.

Ces années sont sombres, et ça dure... longtemps. Les épreuves continuent, sans endroit où vivre, je passe mon bac et prends un job dès le lendemain. Je trouve une chambre de bonne, je survis.

Premier boulot : vendeuse de cristal chez *Baccarat*, place de la Madeleine, j'y passe un an. Mon avenir merveilleux est pour le moment assez terne, mais j'apprends, j'observe et je fais de mon mieux. Quel que soit mon travail, je le fais avec une conscience professionnelle exacerbée. Je rentre dans cet univers désuet, j'apprécie le travail des souffleurs de verre, leur savoir-faire, la beauté de la transparence, de l'éclat et de la brillance du cristal. L'ambiance dans la boutique est toujours tendue, je découvre la vie des vendeuses, ainsi que leurs espoirs. Je m'adapte et ne me sens pas à ma place.

Finis, les rêves, c'est ça ta vie. Mon salaire me suffit à peine à payer mon loyer, je gère mal, à partir du 15 du mois je n'ai plus d'argent, il m'arrive souvent d'avoir faim en me couchant après ma journée de travail. Au volant de sa vieille Autobianchi, mon copain Fra traverse Paris pour m'apporter les restes de son dîner de famille, je découvre l'amitié.

Pendant ces années d'hébétement et d'hypervigilance, j'ai toujours mal au ventre, je n'ai aucune estime de moi. Je me sens perdue, je suis en mode survie, je donne le change. Quand un type s'intéresse à moi, je suis toujours étonnée, limite flattée. J'ai toujours un lien avec le monde invisible, mais il est brumeux et ténu.

Visions en superposition

Quand j'arrive chez des copains à la campagne, il m'arrive de voir une tout autre scène qui se déroule sous mes yeux. Je me souviens du salon d'un petit château, nous y étions venus en week-end. Alors qu'ils sont tous dans la cuisine préparant le déjeuner, je suis assise sur un canapé, je rêvasse, l'œil dans le vague. Doucement, le décor change, les meubles sont du XVIIIe siècle (*Merci papa, tu m'as fait l'œil...*), il y a un petit piano ou un clavecin, de jolis fauteuils recouverts de tissus aux couleurs pastel, des miroirs aux cadres de bois dorés, des tableaux aux murs, des hommes et des femmes en costume d'époque discutent dans le salon et, dehors dans le jardin, j'entends des rires. Je saisis un regard intense entre un homme et une femme, ils sont à plusieurs mètres l'un de l'autre, ils sont amants, ils fomentent l'assassinat du mari, je ressens leur peur, leur angoisse, leur espoir. Je vois ça comme une scène de film, et je comprends ce qu'il se passe au-delà des mots que je n'entends pas clairement, cela se passe à un autre niveau. Puis la scène s'atténue et disparaît. Troublée, c'est si réel, je ne suis pas sous drogue et je sais que cet événement s'est passé à une autre époque. Même si je suis habituée à ces moments « hors du temps présent », c'est toujours surprenant, déstabilisant. Les visions sont si détaillées, si précises, si évidentes, cela ne ressemble guère à des hallucinations. Un peu comme si je voyageais dans le temps sans bouger, seulement observatrice de la superposition d'une réalité sur une autre.

Témoin mais pas actrice, je ne sais pas quoi faire de ces moments extraordinaires et mystérieux. Trente ans plus tard, j'ai toujours et précisément toutes ces scènes en mémoire.

Nous passons quand même de bons week-ends et quelques vacances en Sologne, des moments de bonheur. Ma mère, mon beau-père Boris, Léo, Alvaro et moi le « pet'-au-bec » dans le salon, un vinyle de Bob Dylan, *Pat Garrett and Billy the Kid*, diffusé par le pick-up, la forêt, tout va bien. Nous avons nos plus grands fous rires, Léo se réveille chiffonnée à peine deux minutes avant le déjeuner, Alvaro part dès l'aube chasser ou remonter ses lignes de la rivière, et moi, je lis, toujours. Maman et Boris sont là, comme un filigrane de famille, il y a même des Noëls et des cadeaux. Toujours un semblant de normalité, de non-dits et un monde parallèle de drogue et de folie.

Adulte et cafards

Finalement, je déménage de ma chambre de bonne sordide et trouve un studio, je mets de la fausse pelouse bien verte comme moquette, un papier peint avec de grosses rayures fuchsia et blanches. Au bout de plusieurs mois, je n'ai toujours pas ouvert les cartons empilés contre le mur, mon matelas est posé à même le sol. Je travaille tous les jours, mais je ressens une flemme infinie. Je suis incapable de faire la vaisselle, dans le petit coin cuisine, les assiettes sales s'empilent, quand tous les couverts sont utilisés, il n'y en a plus. Alors je garde un unique couteau et me nourris de sandwichs au jambon et de jus d'orange. Une nuit, un truc court sur mon visage, je sursaute, j'allume la lumière en panique, c'est un cafard, je me lève, et je vois qu'ils grouillent dans la cuisine, je ferme la porte coulissante et la condamne avec du gros scotch. Je ne vis plus que sur mon lit, les cartons sont toujours fermés et empilés, les mois filent, les cafards font plein de bébés. Je déménage.

Donner le change, trouver un petit moment de bonheur, toujours y croire. J'ai l'impression de me débrouiller pas si mal.

Au bout d'un an, mon premier amour n'a plus l'air amoureux, il est hésitant, je pensais qu'il était mon âme sœur. Je l'ai rencontré trois ans plus tôt, dans un aéroport, nous étions une bande d'amis à aller dans les Pyrénées participer à la fête de l'Ours[1]. Le seul de la bande que je ne connaissais pas arrive au loin, sa silhouette me frappe, il se dirige vers nous, mon cœur s'emballe. Arrivé à notre hauteur, il m'embrasse sur les joues pour me dire bonjour, je me dilue dans mon cœur. Ce jeune homme est magnifique, il a un regard doux, un brin de folie bien caché, il est rassurant, beau, et je vais l'aimer pendant des années.

Je traverse trop d'épreuves, problèmes de famille, d'argent, de travail, c'est pénible, il s'éloigne. Je ne supporte pas de sentir ses sentiments à la baisse, je le quitte et le libère. Il retourne avec son ex-petite amie, en fait c'était elle son âme sœur.

J'en crève de ce premier amour, mais je sens bien que je ne suis pas digne d'être aimée. Ne serait-ce pas la pire chose que de demander à un homme de m'aimer alors que je ne m'aime pas ? C'est mettre un homme face à sa pire crainte : son impuissance. Et nous sommes tant à le faire. Je ravale

1. Célébrée dans les villages de la vallée du Tech, la fête de l'Ours se déroule peu avant le printemps, un dimanche de fin février, en guise d'ouverture des festivités du carnaval. La légende veut qu'un ours ait enlevé une jeune bergère. Traqué par les chasseurs, l'ours fut capturé après s'être vaillamment défendu et la jeune fille sauvée. On ramena l'ours sur la place du village où il fut rasé. Ainsi humilié, cela le rendit pourtant « plus humain ».

mes larmes, mes larmes de tout. Je les ai tant ravalées qu'il m'a fallu un long chemin pour les retrouver tout au fond, ces larmes, les faire remonter et les faire sortir dehors. J'y arrive maintenant, quand je sens une larme qui se pointe, j'arrête tout, je lui fais un passage, limite une révérence. *Vas-y ma chérie, sors, va voir le monde, ne reste pas enfermée, pars à l'aventure, vis ! Je ne veux plus te porter.* Un peu comme éduquer ses larmes, leur montrer le chemin, les porter dehors.

Autres chambres de bonne insalubres, autres studios minuscules, autres galères. Pour ne pas m'encombrer du matériel lorsque je déménage, je m'arrête devant une benne ; autrefois, il y avait des bennes à ordures dans Paris, et au hasard je jette, je me dépossède de la moitié de mes cartons. Moins j'ai, moins je m'attache. Même sensation que lorsqu'on s'arrache un pansement soi-même.

Le jour où mon père est parti de la maison, je me souviens parfaitement de m'être dit debout dans ma chambre d'enfant : *Stop, ça suffit, ça fait trop mal, décroche papa de ton cœur, vas-y, arrache, et jette-le au loin, c'est mieux comme ça.*

C'était un acte fort, douloureux, dur, le seul moyen que j'avais trouvé pour ne pas trop souffrir, pour me protéger : le faire moi-même.

J'ai compris bien plus tard la portée d'une promesse d'enfant avec une charge émotionnelle aussi intense. C'est un pacte qui se scelle, pour longtemps.

Syndrome de l'imposteur complexé

Je loue la chambre de Piaps chez Granny, il est mort depuis deux ans, elle vit seule dans leur appartement qui donne sur les Invalides. Ça me rassure, enfin un peu de sécurité, la chaleur d'un foyer, la famille. Granny est ma confidente, elle est drôle, non, elle est géniale ! J'ai 20 ans, je fais plein de petits jobs, serveuse à l'heure du déjeuner, barmaid le soir avec les toilettes à nettoyer en fin de service, fatiguée, je me bouche le nez. Ponctuellement, je fais des tournées pour un whisky noir, je suis plutôt timide, mais là il faut que je chauffe la salle, que je danse sur les bars en tenue écossaise, minijupe, talons hauts et béret. Je prends sur moi, m'exposer aux regards des hommes, rentrer dans un personnage si loin de moi, je me fais violence et fais semblant. Mais je dois coûte que coûte gagner de l'argent. Je commence à poser pour des photos, et d'ailleurs, c'est bizarre qu'on me demande de faire « mannequin ». Papa et Alvaro ont toujours critiqué mon physique : « Tu es trop maigre, trop grosse, pas maquillée, trop maquillée, tes cheveux sont trop longs, trop courts, tu es sûre de vouloir sortir ? T'es ridicule ! Tu t'es vue ? Elle est bizarre, ta tenue... Ohhh, c'était pour rire... Tu n'as pas d'humour... » Et je les crois, je suis mal dans mon corps, dans mon visage, dans moi.

Je fais, un jour, un casting pour le magazine *Vogue*, je suis prise, surprise ! Trois jours de shooting avec les camions du studio Pin-Up dans des endroits chics typiques de Paris, la *Tour d'argent*, le *Flore*, la place des Vosges, le *Plaza Athénée*... Alors qu'on me maquille et que la styliste me prépare les tenues, je me demande : *Quand est-ce qu'ils vont se rendre compte que je ne suis pas mannequin ?* Ça va être horrible, ils vont le réaliser d'un coup et, gênés, vont me demander de partir sur-le-champ. Je serre les fesses.

Les trois jours passent, ils ne m'ont pas virée, les parutions sortent un mois plus tard, les photos sont magnifiques, incroyables, tout le monde s'émerveille... admiration...

Tout ça ne paye pas trop, je n'ai jamais un rond, pourtant je n'ai pas un train de vie incroyable. J'ai ma bande de copains, Fra, Burns, Manolo, Alex. On squatte chez les uns et les autres. On fume des pétards et on rigole bêtement, mais on est ensemble. Je flotte.

Mon ami Thomas me propose un stage de deux jours de « Dynamisation holistique », on lui en a parlé, il paraît que c'est dingue ! C'est ma première « formation » dans le monde de l'extraordinaire. Nous passons un week-end étonnant dans un petit appartement rue de Lille, le formateur nous apprend à méditer, à faire léviter les jambes, les bras, et à voyager dans le corps d'un inconnu, à le soigner en insufflant une lumière énergie sur les parties en souffrance. Je me sens dans mon univers, je comprends vite, je découvre que d'autres gens parlent mon langage. Ce que j'expérimente alors me scotche, le champ des possibles s'ouvre.

Empathie pâteuse

J'ai 21 ans, un de mes meilleurs copains, Stéphane, me propose de rencontrer un ancien ministre pour un job qui consiste à taper sur un ordinateur un livre qu'il est en train d'écrire ou plutôt de dicter. Il est handicapé, je ne peux toujours pas donner son nom, j'ai encore aujourd'hui peur des représailles et il m'est même difficile d'écrire cette histoire. Je suis invitée à dîner chez lui un soir avec Stéphane, les dîners sont très tardifs, ce ministre ne peut recevoir que la nuit à cause de ses soins, kiné, infirmières, etc. Nous arrivons donc vers minuit dans l'appartement, il y a déjà des invités dans le salon, des gens connus, chanteurs, actrices, avocats et lui. Je suis impressionnée, il est en chaise roulante, mais on sent une puissance dans ses yeux, un concentré d'intelligence, une intensité canalisée de la gorge au sommet de son crâne.

Nous passons à table, il me scrute et demande que je me place à sa droite, je suis intimidée, il m'explique ensuite comment lui donner à manger.

La table est chargée de bougies, de verres, de vins et de mets, il a un menu spécial, tout le monde parle comme si tout était normal, il est 2 heures du matin et je donne la becquée à un ancien ministre. Je m'exécute, il me faut ce boulot.

Le lendemain, il m'appelle.

Il m'appellera chaque jour à la même heure les semaines qui vont suivre.

Il me fait venir plusieurs fois chez lui pour me parler de son bouquin, me flatte. Mais ça ne démarre pas vraiment, et moi, j'ai besoin en urgence de gagner de l'argent. Il nous fait venir un jour, Stéphane et moi, et nous parle d'un nouveau projet. Une fondation pour la protection des animaux s'associe avec lui pour retaper une vieille maison afin de faire un abri pension pour animaux. Le ministre m'explique qu'il adore les animaux, qu'il possède une maison à retaper à une heure de Paris, que je peux tout à fait m'en occuper avec Stéphane, il s'agit juste de menus travaux.

Ce n'est pas le deal de départ, mais je suis prise à la gorge. Nous rencontrons, une semaine plus tard, une petite dame blonde, engoncée dans son tailleur, un peu trop maquillée, c'est la présidente de la fondation, elle nous explique le projet autour d'un verre. Le ministre a l'air d'avoir à cœur cette maison pour les animaux, en plus, il dit qu'il aimerait tant s'installer la moitié du temps à la campagne, pour sa santé, ce serait mieux, ça lui ferait tellement de bien... Nous assistons encore à quelques dîners où je suis systématiquement assise à côté de lui pour le nourrir. Le projet prend forme, je dois monter une petite société afin d'acheter le matériel pour commencer les travaux, Stéphane sera plus ou moins dans le coup, il m'aidera. Mais j'aimerais bien voir la maison afin d'être sûre de moi, je n'ai jamais fait de travaux dans une maison, à quoi ressemble-t-elle ? Le ministre me presse d'ouvrir un compte en banque, il me versera mon premier salaire de 2 500 francs, même si je n'ai pas commencé à travailler. 2 500 francs... c'est énorme ! J'ouvre donc un compte, il veut garder un œil dessus, m'en demande les numéros, le RIB.

Puis plus de nouvelles.

Silence.

Les semaines passent, je commence à m'inquiéter. Plus d'appel et il ne me prend plus au téléphone. J'appelle la banque pour qu'elle m'envoie le relevé bancaire.

Quelques jours plus tard, en ouvrant l'enveloppe, je découvre que 2 millions de francs apparaissent et disparaissent de mon compte, 2 MILLIONS ont été transférés par mon compte.

Je panique, j'appelle Stéphane, il me dit que ce n'est pas possible, qu'il avait entièrement confiance en cet homme. Je hurle. Je réalise que j'ai été manipulée, que j'ai servi de prête-nom, la société et le compte sont à mon nom, c'est ma responsabilité. Prise à la gorge, je n'ai pas écouté ma petite voix, mon intuition, je culpabilise. Je comprends alors ses techniques d'emprise : lui rendre des services, les dîners au milieu de la nuit, les gens connus à table, ses coups de fil quotidiens à la même heure, son intelligence redoutable. Cet homme a développé son pouvoir sans avoir la faculté de bouger un doigt.

J'appelle à nouveau le ministre qui finalement me répond, j'explose de colère, je vais le dénoncer aux flics ! Là, très calmement, il me dit que deux hommes de main sont devant chez moi, ils vont me suivre, que si je parle, je n'existe plus. Je n'ose en parler à personne, j'ai honte, Stéphane est un peu ennuyé, mais ne sait pas quoi faire. Je ferme la société au plus vite, mon compte à la banque aussi. Et pendant les mois qui suivent, je suis terrorisée, dès que je sors de chez moi, je regarde toujours s'il y a ses hommes, la peur me tient des années durant, si le fisc tombe sur ma société, sur mon compte, je risque la prison... Si je parle, je risque de me faire casser la gueule... au mieux... Dix ans plus tard, quand j'apprends par les journaux que ce ministre est mort, je souffle enfin... Soulagement...

Premiers jobs

Mes boulots m'emmerdent. Comme deuxième job pendant deux ans, je suis accessoiriste de plateau chez AB Productions, je prépare les cocktails colorés de la cafétéria et place les nouveaux éléments de décor du script sur la série *Hélène et les Garçons*, je découvre l'envers du décor, l'ambiance des plateaux de tournage. Je ne suis pas passionnée mais j'engrange de l'expérience, et surtout je gagne ma vie.

Ensuite, je suis attachée de presse junior dans une agence de relations publiques avec une boss alcoolique, abusive et dépressive (dans n'importe quel ordre). J'enchaîne les boulots de serveuse dans des salons de thé, des restaurants, parfois c'est drôle, mais c'est plus souvent dur. À nouveau mannequin pour des publicités, la Société générale, M6, la mode... Puis comédienne, on me propose le premier rôle d'un moyen-métrage avec Jacques Weber, comment refuser ? Nous tournons quinze jours dans un haras avec des Tziganes musiciens et menaçants. L'ambiance est extraordinaire, Jacques Weber est généreux, si talentueux, heureusement que son jeu donne la note, c'est la première fois que je joue et ce n'est pas fameux. Le film raconte une histoire de prédiction et de fatalité, de diseuse de bonne aventure et de musique. Sur le tournage, on s'occupe de moi, je suis même chouchoutée, serait-ce ma voie ? Je m'inscris dans une école d'art dramatique, et j'apprends à jouer.

J'enchaîne les courts-métrages, je joue dans le clip du tube de Rachid Taha *Ya Rayah*, je suis présentatrice sur M6 Music pendant une année. Je réalise que le métier de comédienne ne me parle pas tant que ça, même si j'ai la chance d'avoir beaucoup de travail, je n'ai pas envie de jouer d'autres rôles que le mien.

Il me faut un vrai boulot. J'appelle Alvaro qui me fait rencontrer un de ses vieux copains qui pourrait m'embaucher, jusqu'alors il n'a jamais voulu me présenter ce fameux Cyril, c'est, paraît-il, un grand séducteur.

Fantastic wedding!

Son ami dirige une des premières agences d'événementiel, nous sommes en 1998, ce métier est encore mal connu, je suis engagée !

Je commence en bas de l'échelle, je m'occupe des archives, passe des semaines à ranger les décors dans le stock, je monte patiemment les échelons et deviens assistante, j'apprends le métier, puis je suis enfin directrice de production. J'aime partir d'un concept, faire un budget, monter l'équipe et produire l'événement. J'aime l'ambiance avec les équipes de techniciens, ces réveils à l'aube, ces chantiers, ce jargon, le démontage et le retour chez soi quand c'est fini avec un léger blues. Je croise tous les jours Cyril à l'agence pendant deux ans, jusqu'à ce beau jour de printemps où en rentrant dans son bureau, j'ai un coup de foudre. Nous nous marions un an plus tard.

J'organise notre mariage dans le studio animalier de Jean-Philippe Varin en Sologne. C'est un ami, un inventeur fou dresseur d'animaux pour le cinéma et la publicité, sa propriété où il héberge sa faune est à dix kilomètres de notre maison. Je crée un écrin merveilleux dans son studio, le cocktail est dans une immense volière où des fauconniers font planer aigles et autres rapaces majestueux au-dessus de la tête des invités, lions, tigres, ours, condors, chouettes dans leurs enclos, je préférerais les voir en liberté. Au centre des tables, j'ai mis des aquariums, dans l'eau, des poissons japonais ondulent leurs nageoires telles des manches de kimono en soie, sur les bords sont posés des papillons de toutes les tailles et couleurs, ils battront délicatement leurs ailes pendant leurs quelques heures de vie, la bouche collée à une goutte sucrée.

La veille de la cérémonie, je récupère ma robe de mariée d'un couturier montant, Nicolas Theysken, elle est bloquée à la douane de Roissy depuis quinze jours pour cause de facture perdue. Je l'essaye enfin pour la première fois, je découvre avec horreur qu'elle est importable, absolument transparente et mille fois trop longue. Au milieu des bois, je n'ai pas mille alternatives, je trouve une vieille robe Dior de maman dans le grenier, elle est vert pâle, mais très bien coupée. Sale, je la lave avec du savon de Marseille dans la baignoire en priant qu'elle soit portable le lendemain matin. C'est un peu bizarre de ne pas se marier en blanc. Ce mariage est incroyable, délirant, et je me sens terriblement seule. J'ai envie de pleurer, personne de ma famille ne vient me voir pour me demander comment je me sens en ce jour, pas un geste, pas une attention. Je pense aux autres, à tout, à l'organisation, à la lumière, au traiteur, à la musique, et je me sens vide à l'intérieur. Papa fait un discours, il parle de nos ancêtres espagnols, de ses chaussettes désassorties et ne dit pas un mot sur moi.

Léo ne vient pas pour une raison fumeuse, elle me manque, j'aurais tellement besoin d'elle aujourd'hui !

Encore cette histoire de cadre sublime, de beauté, d'esthétisme sans réelle bienveillance, sans tendresse, sans amour.

Simone Weil (la philosophe) dit si justement : « L'attention est la forme la plus rare et la plus pure de la générosité... »

Cyril est beau, brillant, et il a beaucoup d'humour. Nous vivons quelques années de fêtes et de rires, mais nous nous éloignons doucement. Je commence à 27 ans une psychanalyse à raison de trois fois par semaine, consciente que je ne pourrais pas fonder une famille, avoir un enfant, sans m'alléger des fardeaux familiaux. Avec Léo, je suis déjà mère, et mon inquiétude prend beaucoup de place.

C'est la première fois que je ressens vraiment que quelqu'un écoute mon histoire et a une réelle compassion, je me souviens encore de la douceur de son attention. Et c'est aussi un peu un électrochoc, je réalise grâce à ce miroir la négligence hallucinante de mes parents.

Le monde invisible redevient plus poreux, je vois, j'entends à nouveau des choses étranges pour les autres. Je me décale, et dans ces soirées parisiennes je m'ennuie. Je perçois tant de choses, mais les garde pour moi, j'essaye même de fermer les portes, rien n'y fait, ça transpire.

Les sœurs dans la piscine

Nous allons un week-end dans le Gers rendre visite à la mère et au beau-père de mon mari qui viennent de s'installer dans leur nouvelle maison. Arrivés peu avant minuit, nous prenons juste un verre et allons directement nous coucher. Dans la nuit, deux femmes en chemise de nuit, les cheveux détachés, d'âge mûr, sont au pied du lit, Cyril dort, elles me demandent de les suivre. Je me lève, elles m'emmènent dans le jardin que je découvre, nous contournons la maison, elles ouvrent la grande porte en bois d'une grange à l'arrière de la bâtisse et me montrent une vieille calèche un peu délabrée. Elles sont en colère, elles ne me parlent pas, mais je sens leur énergie. L'une d'elles me prend vivement par la main, le contact de la sienne est glacial, ses doigts sont comme des crochets, nous ressortons de la grange, passons de l'autre côté de la maison, leur pas est vif, elles sont très en colère, elles m'emmènent vers la piscine.

— Vous nous avez déplacées !

Je ne comprends pas, je n'ose rien dire, mais je sens une indignation mêlée de rage. Je regarde autour, il n'y a que la piscine, un jardin et, plus loin, un bois.

Elles ont un lien de parenté, peut-être cousines ou sœurs, leurs chemises de nuit sont d'un style vieillot mais assez intemporel, j'ai des informations confuses, sombres : guerre... danger... se cacher... attente... mort.

Elles me répètent :

— Vous nous avez déplacées !

Je me sens accusée de quelque chose, mais je ne sais pas quoi ni que faire.

J'ouvre les yeux, je suis dans le lit, c'est le matin, le soleil brille dehors. Je me lève doucement et marche sur la pointe des pieds, le parquet grince, je me dirige vers la fenêtre, j'entrouvre les rideaux, je découvre avec effroi le jardin et l'exacte disposition des arbustes et des bosquets de fleurs visités pendant la nuit. Cyril se réveille, voit mon trouble, m'écoute, amusé, nous descendons prendre le petit-déjeuner. Après deux bonnes tasses de café, je demande à visiter la maison, nous allons tous les quatre dehors faire un tour. D'abord la piscine, ils sont très fiers car ils l'ont fait construire, et même s'ils ne sont pas très « nageurs », c'est toujours mieux pour les petits-enfants. Je reconnais immédiatement ce qu'ils nous font visiter. Tout est conforme à ce que j'ai vu pendant mon rêve. Ils nous emmènent ensuite derrière la maison, ils veulent nous faire la surprise, ils ouvrent la porte de la grange, et je vois la vieille calèche !

La même que dans mon rêve...

Ils nous racontent que c'est assez drôle pour une histoire de succession, la maison n'a pas été habitée depuis des lustres. La preuve, il y a encore cette calèche en l'état dans la grange. Des frissons me parcourent le corps...

Ils ont dû faire creuser le jardin pour construire la piscine...

« Vous nous avez déplacées ! »...

Je leur raconte mon rêve, mais ils ne veulent rien entendre, ça leur fait peur. J'ai l'impression que les ouvriers qui ont creusé la terre pour la piscine n'ont peut-être pas tout dit... Je n'ai pas les outils ni le savoir-faire pour communiquer avec les deux femmes, alors après le déjeuner, je vais dans un coin du jardin et je prends un moment pour leur expliquer la situation, je leur demande pardon, j'essaye de mon mieux de leur dire qu'elles ne sont probablement pas au bon endroit... Pendant des années, je reçois la visite de défunts qui essayent de faire passer un message, je fais instinctivement ce que je peux pour les apaiser, mais malgré mes nombreuses lectures, il me manque des connaissances.

Plus grande joie et immense tristesse

Mon fils Santiago naît, j'ai tout juste 30 ans, un cadeau du ciel, mais son père n'est pas là, ou si peu. Je suis soulagée d'avoir l'instinct maternel, un amour et une tendresse infinis pour mon petit bouddha.

Son père et moi n'avons plus les mêmes priorités, sa vie ne change pas, la mienne est bouleversée. Nous divorçons, nous étions incompatibles, notre mariage a raté, mais notre divorce est une réussite, Cyril prend soin de nous, il est généreux et responsable. Aujourd'hui je l'aime comme un frère, je peux compter sur lui comme il peut compter sur moi.

Je m'installe avec Santiago qui vit avec moi à plein temps, son père travaille beaucoup et ne saurait s'occuper d'un si petit enfant. Ma vie a radicalement changé de cap, j'ai 30 ans, je vis seule avec mon bébé et la société n'est pas tendre avec les femmes divorcées. J'ai maintenant tout l'espace pour l'exploration des mondes et aller à ma rencontre.

Pendant huit ans, je vais voir deux fois par mois ma « vieille sage russe », Michèle Smolensky, elle vit quai des Orfèvres dans un petit appartement qui surplombe la Seine. Elle propose un savant dosage de psychologie, tarot de Marseille, expérience, philosophie, médiumnité et littérature.

Elle me demande quand je lui parle d'un homme :

— Il vous a vue ?

Je réponds à chaque fois : « Oui bien sûr... évidemment... »

J'ai mis des années à comprendre.

Ce que l'on voit de moi n'est que ce que l'on veut bien voir.

Et ce que je veux bien montrer. Et je ne montre rien.

Je me cache des autres et de moi-même.

Je vis quelques histoires d'amour, des amourettes, des jolies, des passionnées, des drôles, des décevantes. À chaque rencontre, je sais au fond de moi que ce n'est pas ça, mais je me laisse prendre au jeu, je crois même que je suis amoureuse. Mais à chaque fois que je quitte un homme, je suis soulagée, je retrouve ma liberté ! Je sais que quelque chose m'attend, de beaucoup plus grand.

Ganeshmobile, l'unique

Elle a le même âge que mon fils, elle est rouge cerise, métisse, moitié camionnette de pompiers, moitié taxi indien, c'est la voiture de mes rêves. Sur la plage avant du tableau de bord, douze statuettes de différentes tailles de Ganesh et deux de Shiva trônent. Elle est connue dans tout Paris, et les touristes indiens s'extasient. De leurs voyages, mes amis me rapportent toujours une statuette de Ganesh. Et d'Inde où j'ai séjourné plusieurs fois, guirlandes lumineuses, statuettes, stickers et autres merveilles bourrent mes bagages du retour, tout pour elle. Nous sillonnons la France, allons jusqu'en haut des Alpes suisses, longeons l'océan Atlantique ou la mer Méditerranée, traversons les forêts et explorons les îles. Toujours garée en bas de chez moi, à vue d'œil, prête à partir, elle est ma liberté. Je lui parle, je l'entretiens, elle a même des pinces crocos et un booster dans son coffre en cas de panne de batterie.

Et mon plus grand bonheur : la station de lavage, le karcher, quand j'emmène Ganeshmobile au spa !

Vingt ans d'un amour fidèle, dévoué et partagé, elle est mon vaisseau, la plus belle voiture du monde.

Les plumes et les explorateurs

J'organise des expositions et me spécialise dans les coiffes d'Amazonie. Je rencontre des explorateurs pour me fournir en coiffes de plumes d'aras, ces bleues, ces rouges, ces vertes, ces jaunes qui changent de couleur avec les mouvements du soleil... Et cet artisanat qui perdure depuis des millénaires... J'ai plusieurs façons de me procurer des coiffes, c'est interdit à la vente depuis 1982, mais il y a des filons. Je commande des cadres-boîtes en plexiglas dans une usine à Champigny-sur-Marne qui fournit les musées, et je passe des journées à monter les coiffes, exercice délicat. Elles sont toutes majestueuses. Travailler avec ces beautés me comble l'âme. J'aime ce long exercice minutieux, choisir le parfait espace entre la coiffe et le fond, la taille du cadre pour la mettre en valeur... À cette époque, je rencontre Marcel Isy-Schwart, un explorateur de 89 ans, il prépare une vente de ses collections à Drouot, ce sera la plus extraordinaire exposition de coiffes d'Amazonie en France. Il me rend visite une fois par semaine l'après-midi, le temps d'un thé, et me raconte ses anecdotes du Brésil des années cinquante, de Tahiti, me parle de Martine Carol, de la Seconde Guerre mondiale, de ses amourettes de jeunesse et de sa femme dont il est très amoureux. Dans ses yeux, il y a la mer, infinie. Il est si joyeux, volubile ; quand je lui demande comment il a fait pour avoir eu une vie si extraordinaire, il me répond :

— Ma chérie, écoute bien, j'ai attrapé toutes les perches de ma vie ! Je n'en ai pas raté une !

Il me régale avec ses aventures filmées pour Connaissance du Monde et diffusées à la salle Pleyel, et on rit de ses espiègleries et de son record du monde de chasse au mérou, cent soixante-dix-huit kilos !

Pendant deux ans, je me crée une collection unique de parures en plumes d'Indiens d'Amazonie, je rencontre d'autres explorateurs, beaucoup moins charmants, je continue les ventes en douce. J'apprends les différentes provenances, les différentes régions et tribus, les détails qui me permettent de situer où et quand elles ont été fabriquées, comment elles sont patinées pour avoir l'air ancien, toutes les formes d'objets, les sources sont rares, il y a peu de livres qui traitent de cet art et, moi, je ne peux m'empêcher d'aller en profondeur. Découvrir d'autres cultures, d'autres croyances, d'autres savoir-faire, apprendre et parfois comme se souvenir... d'un autre lieu... d'un autre temps, que j'aurais déjà connu.

Le *Bardo Thodol*

Santiago a 5 ans, nous allons avec mon amie Valéria dans la maison de famille de Cyril. J'y ai passé de merveilleux moments, j'adore y aller l'été ou l'hiver, c'est une petite maison en bois en bas d'une colline, avec des rideaux à carreaux rouges et blancs et une vue à couper le souffle dans les Pyrénées. Le père de Cyril, Ellis, est mort deux semaines après la naissance de Santiago, la roue de la vie... Les bibliothèques du chalet regorgent de livres ésotériques, je m'éclate, je dévore *Le Livre de Seth*, Carl Gustav Jung, Allan Kardec... Rien n'a vraiment bougé depuis les années cinquante, j'aime ce refuge de montagne, confortable et simple.

La grand-mère de Cyril y invitait pour de longs séjours des moines bouddhistes, des psychanalystes, des intellectuels, c'était un lieu spirituel.

Nous sommes au mois de février, les montagnes au loin sont silencieuses, recouvertes d'une épaisse couche de neige immaculée. En arrivant, je commence toujours par allumer un feu dans la cheminée et le relance chaque matin dès l'aube, nous sommes heureux tous les trois dans cet endroit magique. J'installe mon amie au deuxième étage, Santiago dans la chambre à côté, et je prends la chambre d'Ellis au niveau du salon. La maison grince, couine, c'est normal, elle est en bois !

Tout le monde se couche et plonge dans un profond sommeil.

Le lendemain, nous irons faire des courses, je suis tellement heureuse d'être ici ! Balades dans la neige, rires, confidences. Santiago jouera avec ses Lego au coin du feu, Valéria et moi discuterons, un verre de vin à la main, l'air de la montagne va faire du bien aux urbains que nous sommes !

Au dodo !

Santiago dort avec moi ce soir, j'aime l'odeur divine de sa nuque, ses paupières légèrement bridées lourdement fermées, sa respiration qui s'amplifie et ralentit au rythme de son sommeil, je prends un livre, lis quelques lignes et plonge dans le sommeil.

À 4 h 30 du matin, je suis réveillée par des coups.

Je m'assieds dans le lit et tends l'oreille.

Des coups répétitifs... Elle cherche quelque chose ? Mais que fait mon amie là-haut ?

J'attends un peu, elle va s'arrêter, elle doit chercher quelque chose...

Mais ça continue, il faut qu'elle fasse moins de bruit, ça va réveiller Santiago ! Elle est gonflée !

Je finis par me lever, je monte les escaliers. « Valéria ? Valéria ? » Elle ne répond pas, j'ouvre la porte de sa chambre, silence, sa chambre est plongée dans le noir, elle dort à poings fermés.

Je redescends me coucher, mais d'où viennent ces bruits alors ? Si elle dort... ?

J'éteins la lumière, et là à nouveau, j'entends plus distinctement des bruits de tiroirs, on dirait qu'ils sont ouverts, puis refermés, puis rouverts... Des portes claquent... Je ne comprends pas... Je tends plus fort l'oreille.

Au bout d'un moment, je réalise avec horreur que les bruits viennent de la salle de bains attenante à la chambre où nous dormons. Je rallume la lumière, il faut que j'aille voir ce qui se passe dans cette pièce. Mon cœur bat si fort, j'ai peur. Mais je dois protéger Santiago, un boucan d'enfer provient de la salle de bains, qui est là ? Je contourne le lit, et j'ouvre, le cœur battant, la porte, la pièce est plongée dans le noir, je cherche l'interrupteur en balayant le mur de ma main, tremblante, j'allume la lumière. Il n'y a personne. Mais toutes les portes et tous les tiroirs du meuble au-dessus du lavabo sont ouverts. J'ouvre et referme les tiroirs et les portes, ce sont bien ces bruits qui m'ont réveillée, comme s'ils avaient été ouverts et refermés avec rage. Là, je ressens une véritable terreur. Valéria et Santiago dorment. Je referme bien la porte de la salle de bains, je laisse la lumière de la table de nuit allumée, et je veille jusqu'à l'aube à côté de mon enfant dont le sommeil est si rassurant.

Poltergeists ? Fantômes ? La violence de ces bruits dans la nuit profonde en montagne me paralyse.

Dès que l'aube se lève, je rallume le feu et me prépare du café, c'est toujours étonnant comme la lumière du jour dissipe la peur. Quand Valéria se réveille, faisant bien attention que Santiago n'entende pas, je lui raconte ce qu'il s'est passé pendant la nuit. Ça lui fait peur, encore bien plus qu'à moi. Attendant une heure raisonnable, j'appelle ma vieille sage russe, Michèle, je lui explique ma nuit et lui demande conseil.

Après un moment de silence, elle me dit qu'Ellis n'est pas passé dans la « lumière », il est toujours coincé dans notre monde, entre deux mondes, et qu'il est furieux que nous dormions dans son lit. Il voulait nous réveiller pour récupérer sa chambre ! Je lui demande alors comment faire pour apaiser sa colère et si possible le faire monter dans la « lumière ».

Alors qu'elle n'est jamais venue dans cette maison, Michèle me dit de chercher dans la petite bibliothèque de la chambre d'Ellis le livre des morts tibétain, le *Bardo Thodol*, de le lire, de prier et de parler à Ellis.

Lui expliquer qu'il n'est plus de ce monde, qu'il est mort, et doucement le diriger vers là où il devrait être maintenant, retrouver ceux qu'il aime, sa mère, ses proches déjà là-haut. Le *Bardo Thodol* est en effet sur l'une des étagères de sa chambre, j'allume des bougies et, pendant les trois jours suivants, je vais être avec Ellis.

Je lui parle, prie pour lui, le remercie pour les moments d'échanges quand il était vivant, je lui parle de son petit-fils, de Cyril…

Je traverse les étapes du livre des morts, j'apprends et redécouvre tant de choses, par exemple que les diverses pratiques du yoga servent à avoir une maîtrise de soi afin de traverser les états intermédiaires sans tomber dans les pièges entre la mort et la renaissance... Je tâche de libérer Ellis tout en passant quelques jours de vacances, Santiago et Valéria ne doivent pas avoir peur, je passe aussi d'un monde à l'autre, une danse. Les bruits finissent par cesser la nuit, un calme merveilleux s'installe dans la maison, la lumière même a changé, tout est plus clair. La maison est apaisée.

Anne, ma sœur Anne, ne vois-tu rien venir ?

J'erre... Commence des histoires pressentant à chaque fois et dès la première seconde que ça ne le fera pas.

Si j'avais su que ça ne le ferait pas pendant presque vingt ans...

L'amour est une grâce.

Il ne se commande pas.

Je suis idéaliste, exigeante, romantique et têtue. Et indépendante.

Il va me falloir m'armer de patience, qualité dont je manque cruellement !

Double peine

Enceinte par accident, sous contraception, je ne suis plus avec l'amant-père depuis quelques semaines quand je l'apprends. J'aime porter un enfant, ma première grossesse a été extraordinaire, neuf mois d'émerveillement, trente kilos de rondeurs perdues aussitôt, et surtout d'amour infini. Je ne peux pas garder ce bébé, je ne vais pas élever un autre enfant toute seule, pas possible.

Et je ne suis pas amoureuse de cet homme, nous avons juste partagé de bons moments pendant quelques mois. Quand j'appelle ma gynécologue pour lui demander une IVG, sa secrétaire m'envoie balader :

— Dr V. s'occupe des naissances, pas des morts !

Et me raccroche au nez.

Bouleversée par l'idée d'avorter, je vais au premier hôpital à côté de chez moi, non, ils n'ont pas de service pour cela, ils m'envoient dans un autre hôpital, je reprends ma voiture, non toujours pas, puis un troisième hôpital, j'attends au service consultations maternité, entourée de femmes enceintes, c'est un drôle d'endroit quand on décide d'arrêter une grossesse. La gynécologue de l'hôpital décide de me faire faire un avortement chimique, nous sommes au mois de décembre, avec les deux semaines de réflexion imposées, il est prévu que je prenne les trois premières pilules abortives le 28 décembre et les trois pilules abortives le 31 décembre. Mais il y a une condition : que je ne reste pas seule chez moi le jour de la prise des dernières pilules car il y a un risque d'hémorragie.

Ma meilleure amie de l'époque, celle que je soutiens de manière indéfectible, me plante au dernier moment, en même temps, c'est le 31 décembre, pas cool de demander à quiconque de rester au chevet d'une amie dans cet état, je peux le comprendre.

Mon ex-amant, trop mignon, me propose de venir me tenir la main, quel soulagement ! Je vais avoir besoin de soutien. Je tiens à peine sur mes jambes tellement les médicaments sont forts. Je mets un joli couvert pour le réveillon, enfile une longue jupe noir et or, un col roulé noir, j'essaye de faire un effort, mais je suis ravagée. Il arrive vers 20 heures, lui qui ne boit pas une goutte d'alcool depuis que je le connais a une bouteille de champagne et une bouteille de vin blanc dans un sac, il a apporté un grand plateau d'huîtres. Il a toujours été très doux, je ne tiens plus assise, les douleurs me déchirent le ventre, la morphine me ramollit, je rêve de me blottir dans ses bras. Je suis triste, il y a deux heures, ce petit être au creux de mon ventre depuis huit semaines a fini aspiré par la chasse d'eau des toilettes, je l'aimais déjà.

Au milieu du dîner, je n'en peux plus, je me lève de table pour aller m'allonger sur mon lit, je saigne encore abondamment. Je l'attendrai, il me dit qu'il envoie quelques messages de bonne année et me rejoint après.

Minuit, je suis comateuse, ça fait longtemps que je l'attends, j'aimerais m'endormir, que fait-il ? Il entre enfin dans ma chambre, son visage a quelque chose de terrifiant, un frisson me parcourt, il est méconnaissable, j'ai peur. Il s'allonge près de moi, sans un mot, et commence à m'embrasser sur la bouche, puis goulûment, sort sa langue, l'enfonce dans ma bouche, je suis surprise par ce roulage de pelle dichotomique avec la situation, son regard n'est plus le même, il est excité, très excité. Il commence à vouloir baisser ma culotte, je repousse ses mains, plusieurs fois, sidérée, il s'agite, il a chaud, j'ai peur, il appuie de tout son poids son coude sur mon ventre pour se relever et monter sur moi, la douleur est fulgurante. D'un coup, je sors de mon corps et me retrouve à flotter au plafond, comme collée dans l'angle, je regarde ce qu'il se passe plus bas, sur mon lit. Dans ma tête, une seule phrase en boucle : *C'est pas possible... c'est pas possible...*

Qui est cet homme que je ne reconnais pas ? Ça continue... J'ai l'impression que ça dure des heures, cet acharnement. Je me suis débattue puis j'ai abandonné, je le laisse faire. Lui veut jouir, c'est la seule chose qu'il veut.

Enfin, il y arrive.

Il s'effondre à côté de moi et s'endort aussitôt.

Je rejoins mon corps, je ne comprends pas ce qu'il vient de se passer, il y a quelque chose d'incompréhensible, d'impossible.

Quand mon corps et mon esprit sont enfin réunis, que ma rage monte et qu'elle trouve le chemin dans ma gorge et vers ma bouche, je hurle dans le lit.

Il se réveille complètement hagard, les sourcils levés. Quoi ? Je hurle, le somme de dégager de chez moi, tout de suite, qu'il parte ! J'ai du mal à me lever, les médicaments font toujours effet. Il est 5 heures du matin, il ramasse ses vêtements autour du lit, hébété, je veux qu'il parte au plus vite, la porte d'entrée claque.

Je ne comprends pas... Que s'est-il passé ?

Il y a quelque chose d'inconcevable.

Comment un homme peut-il imaginer qu'une femme qui a avorté quelques heures plus tôt puisse avoir envie d'un rapport sexuel ?

Dans le salon, les deux bouteilles sont vides, 8 heures du matin le 1er janvier, j'appelle SOS Viol pour comprendre ce qu'il m'est arrivé, j'arrive à décrire la scène. Ils me confirment l'acte.

C'est incroyable ce réflexe de survie qui nous dissocie, une sortie de corps pour se protéger quand c'est insupportable. Santiago rentre de vacances quatre jours plus tard. Il faut que je me ressaisisse vite. J'obtiens immédiatement un rendez-vous avec la meilleure praticienne d'EMDR de Paris, Brigitte me reçoit dans la journée pour un protocole d'urgence. Nous faisons quelques séances rapprochées, sans ce travail, je pense que je serais devenue folle. Les mois qui suivent, je me sens coupable, honteuse, j'ai cette image où je me tire une balle dans la tête en boucle, en boucle, en boucle...

Je suis sauvée mais abîmée. Je ne vaux plus rien. Je vais voir une psychothérapeute et entame un travail de thérapie cognitive et comportementale.

Je remonte marche après marche.

Recolle morceau après morceau.

Relève la tête jour après jour.

Et je reprends mon pouvoir.

Aujourd'hui, quand je reçois une femme qui a été violentée, violée, abusée, je sais alors que ma propre expérience m'apporte un esprit de sororité, une compréhension et une compassion profondes.

La résilience est possible.

Travail, luxe et volupté

Je démarche d'autres agences où je présente mon book événementiel, je trouve de nouveaux clients, de beaux clients même. Je fais tout, une mini agence à moi toute seule ! D'abord, je trouve le concept, l'ambiance, la décoration, l'accessoirisation, la musique, je choisis les thèmes de cuisine, les chefs, les menus, la lumière, le rythme de la soirée, je monte les équipes et les dirige. Je travaille pendant quatre ans en free-lance pour Chanel dont la big boss, Valérie, me donne ma chance et me fait confiance.

J'organise des événements extraordinaires à Paris place Vendôme, à Grasse au milieu des champs de roses de mai, je connais leurs codes, mon œil est éduqué depuis l'enfance. Puis pour un client du Koweït, un jeune milliardaire poète un peu perdu à Paris, j'organise ses fêtes, la démesure, je le protège aussi car il attire une faune dangereuse. Je suis stupéfaite de voir comme le comportement des gens change face à l'argent, des gens que je connais depuis toujours sont prêts à tout pour être dans les bonnes grâces de mon Koweïtien, pour ne serait-ce que s'approcher de ce qui brille. Avec lui, pas de putes, ni de drogue, il a parfois des caprices de milliardaire mais il est assez sain.

J'ai carte blanche, je lui organise des événements sur mesure pendant deux ans, quand j'aime un nouveau groupe de musique, je le fais venir pour jouer, je fais des lâchers de papillons, je fais venir des tigres, des loups, Jean-Philippe Varin travaille souvent avec moi. Luxe sans limites, soirées magiques. C'est à la fois léger et lourd, je suis vigilante, je dois refuser les avances de mon client tout en gardant mon boulot.

Pour une fois, je mens, je lui dis que je suis très flattée par ses déclarations, mais que je suis très amoureuse de l'homme avec qui je suis. C'était pour lui la seule façon acceptable de l'éconduire, j'ai gardé mon job.

Jouer avec le feu follet

Mois de septembre, je suis invitée à un mariage à une heure de Paris, une relation-amitié de travail, soirée pas très agréable : « Mais que fait une jolie fille comme vous seule à un mariage ? »

Le lendemain comme toujours, je me réveille à l'aube et je prends la route pour rentrer à Paris. Surprise par une vague de tristesse incommensurable, je pleure au volant, les larmes me brouillent la vue, j'essaye de me calmer. *C'est parce que tu te sens trop seule ? Mais non... Si ?* Chaque cellule de mon corps vibre de tristesse, c'est abyssal. J'essuie mes larmes sur l'autoroute, je pleure des rivières, c'est dangereux, la route s'efface. J'arrive enfin à Paris, je monte à la maison, m'écroule sur mon canapé.

Le téléphone sonne.

C'est Léo.

Elle va beaucoup mieux et a fait un sacré chemin, elle semble apaisée, bien dans sa vie. Elle a divorcé de son premier mari et s'est remariée entre-temps avec un autre homme, Sasha, elle est folle amoureuse, elle rêve d'un bébé, n'y arrive pas et commence un processus de FIV.

Elle a une toute petite voix, elle est dans une salle d'attente à l'hôpital, elle m'explique qu'elle a des douleurs à la poitrine.

Léo est très maigre depuis des mois, je me suis souvent inquiétée pour elle. Léo a toujours été très mince, elle a une présence intense et à la fois éthérée, elle fume dès le réveil. Elle m'annonce alors qu'à l'hôpital ils lui suspectent un cancer. J'essaye tout de suite de la rassurer : « Mais non, Léo, tu n'es pas malade ! » Ils vont lui faire des examens aujourd'hui et demain. Je n'y crois pas, Léo a tellement traversé d'épreuves, ça va aller maintenant.

Le couperet tombe, cancer des poumons, stade 4.

Aucun espoir.

Si, de la chimio, on va essayer.

Choc.

Épouvante.

Horreur.

Ma Léo...

Pendant un an et demi, Léo se bat.

Elle souffre atrocement, et la morphine ne l'apaise pas, conséquence de sa longue habitude avec les opiacés.

Je tombe dans un gouffre.

Maman quitte Londres et revient s'installer à Paris, et pendant ces longs mois nous alternons un jour chacune, pour l'accompagner à ses chimiothérapies et la ramener chez elle ou juste rester à côté de son lit. Je lui fais des soupes avec de bons légumes bio, je cherche des idées de plats qu'elle pourra avaler, déglutir est très compliqué et douloureux, si je peux lui donner un tout petit peu de plaisir... Je lis David Servan-Schreiber, j'effectue des recherches. Je vois Léo souffrir chaque seconde, embolie pulmonaire, étouffement, douleurs persistantes dans la poitrine. Une opération n'est pas envisageable. Dédale de spécialistes, conseils demandés à des pontes amis d'amis... Je veux la sauver du naufrage. Mon père vit ça de loin, mon frère ne réalise pas, je suis sidérée de voir qu'il n'y a que ma mère et moi face à cette épreuve.

Mes amis sont gênés, ils m'appellent de temps en temps, mais restent loin, ils ne veulent pas déranger. Moi, j'aurais adoré un déjeuner de temps en temps pour parler d'autre chose, mais le malheur fait peur et fait fuir.

Santiago a 8 ans, il adore Léo, il est son plus grand fan. Je lui explique sa maladie, mais quand je rentre de l'hôpital, je fais illusion pour qu'il ne sente pas ma détresse. Lorsqu'il est couché, assise sur mon canapé, je pleure. À cette époque, je suis célibataire, et pendant les deux années qui suivent. Le malheur n'attire pas. Je rêve alors d'une épaule accueillante pour poser ma tête, d'une main rassurante pour caresser mes cheveux et me dire :

— Ça va aller...

En septembre de l'année suivante, je lis *Un souffle vers l'Éternité* de Patricia Darré, enfin quelqu'un qui parle du monde invisible avec un grand pragmatisme ! Elle a bien les pieds sur terre et décrit tellement de choses que j'ai vécues. Je reconnais les jeux occultes dangereux que nous avons longtemps pratiqués toutes les deux.

Je lui envoie un long mail, lui expliquant la situation de Léo, je lui confie que je pense qu'elle a probablement été squattée par des entités. Léo a une part très sombre depuis l'enfance. Vers ses 18 mois, elle a eu du mal à marcher, les médecins lui ont détecté une double luxation des hanches, toute petite, elle a passé plusieurs mois à l'hôpital, complètement plâtrée, maman lui rendait visite de temps en temps, mais peut-être pas assez. Peut-être que son immense fragilité date de cette époque ? Il y a une ombre en Léo, depuis toujours. Elle me répétait : « Je suis la mauvaise herbe et toi, tu es la belle plante ! »

Moi qui suis en admiration devant elle, je ne comprends pas.

Ma sœur est merveilleuse et vénéneuse.

Un dimanche soir vers 20 heures, un numéro que je ne connais pas s'affiche sur mon portable. Surprise ! C'est Patricia Darré au bout du fil ! Elle me paraît touchée par notre histoire. Elle m'explique comment Léo a été infiltrée, le spiritisme, l'Oui-Ja, la drogue, les tentatives de suicide, que des portes ouvertes aux entités sombres... Malheureusement, l'état de Léo ne permet pas un exorcisme, elle ne tiendra pas le choc. Mais je dois absolument expliquer à ma sœur le passage de la vie à la mort, j'ai maintenant quelques connaissances à ce sujet, mais cela reste délicat. Patricia m'annonce tout en douceur qu'elle ne passera pas Noël.

Encore un coup de poing dans le cœur.

Je remercie Patricia qui a su me répondre et me préparer, depuis, nous entretenons un lien, je garde une infinie reconnaissance et affection pour elle.

Le cancer de Léo se propage, elle a 43 ans, si belle, si coquette, elle a maintenant des bosses sur le visage.

Deux mois passent, son état empire.

Son oncologue veut commencer un cycle de radiothérapie, Léo ne supporte plus les traitements. Elle me demande de lui trouver un médecin qui lui ferait la piqûre létale pour en finir, je comprends son désespoir. Pendant une semaine, je vais voir tous les docteurs que je connais, je finis par en trouver un qui est d'accord pour l'aider à partir. Mais quand je lui annonce que je l'ai trouvé, elle me regarde avec étonnement :

— Mais comment tu peux me proposer ça ?

Je me sens atrocement mal, elle me l'a demandé et c'était horrible à faire, a-t-elle oublié ?

Son cancer se généralise. Le cerveau... Le foie...

Avec maman, nous retournons voir son oncologue à Pompidou dans son minuscule bureau, nous le supplions d'arrêter son supplice, nous le supplions de faire une euthanasie, il nous dit qu'il ne peut pas, qu'il n'a pas le droit, qu'il faut se battre jusqu'au bout. Nous sommes honteuses d'insister, la voir souffrir à ce point sans espoir de guérison depuis plus de dix-huit mois n'est plus supportable. Nous sortons de son bureau et nous allons vers sa chambre. Je la vois encore dans son lit blanc, nous sommes en décembre, par la fenêtre, le ciel est bleu, il fait beau. Je lui ai apporté, comme elle me l'avait demandé, du vernis rouge cerise pour lui faire de beaux ongles, comme elle aime. Je lui pose délicatement le vernis, je souffle dessus pour qu'il sèche, ce matin-là, elle est si belle, elle a l'air mieux, je me dis qu'il va y avoir un miracle, j'ai le cœur léger.

Je reviendrai demain, maman papillonne nerveusement autour du lit, je me vois encore l'embrasser tendrement et lui faire bye-bye avec la main dans l'embrasure de la porte. Trois heures plus tard, ma mère m'appelle, Léo est dans le coma, ils ont arrêté toutes les perfusions sauf la morphine. *Ma Léo, je reviens te veiller, ton si joli visage n'est plus le même, tu as la bouche ouverte, tes lèvres sont sèches, ta respiration est saccadée et parfois s'arrête longtemps. Je te souffle dans l'oreille que tu peux partir. Tu as lutté pendant quarante-huit heures, maman et Sasha t'ont veillée toute la nuit, moi, je suis rentrée dormir et m'occuper de Santiago. Je reviens vite le lendemain matin, tu agonises toujours, tu es morte quelques heures plus tard lorsque nous avons tous quitté la chambre quelques instants. Même si je sais que c'était insupportable ce que tu vivais, j'ai longtemps porté la responsabilité de ton départ. Au fond, j'ai insisté pour qu'ils arrêtent. Ma Léo, je t'aurais sauvé la vie trois fois, une fois proposé la mort et, pour finir, je te l'ai donnée. Ma Léo que j'aime plus que tout. Ma sœur. Ma grande sœur. Je garde de toi le souvenir de ta joue veloutée, ta peau était douce, tu sentais toujours bon, je garde aussi ton sourire, ton regard noir. Et je te vois souvent...*

Cette épreuve, nous l'avons traversée avec maman. Je suis dévastée, mais je ne peux pas imaginer son état. Je la prends sous mon aile, je prends soin d'elle. Elle quitte Boris et s'installe à Paris à côté de chez moi. Je l'emmène en voiture où elle veut, et en même temps je règle mes comptes. Je vide ma colère contre elle jour après jour, je la remue, la secoue, la torture. Elle est sous antidépresseurs, ça amortit.

Je lui en veux tellement d'avoir tout survolé, si indifférente. Tour à tour, je lui explique calmement, je m'énerve quand elle fait l'enfant, la victime. Je lui en veux de son égoïsme, de son immense capacité à l'indifférence, je lui demande comment elle a fait pour fermer les yeux alors que tout se déroulait devant elle, comment elle a vécu si longtemps à l'étranger, à la campagne alors que ses enfants avaient besoin d'elle. Comment elle n'a jamais pensé à emmener Léo consulter un psychologue ? Comment elle ne m'y a jamais emmenée ? Comment elle n'en a jamais vu un elle-même ? Sa manie de tout prendre en photo montre bien son décalage face à la réalité. Un pied en arrière.

Ma colère continue... encore... encore... Comment elle n'a pas été là pour moi, pour Santiago ? Comment a-t-elle traversé sa vie avec des lunettes irisées ? Et sa réponse inlassable :

— Tu sais, Granny n'a jamais été tendre, et dans la famille on se méfie des psys.

Mais maman !!! Tu n'as pas été tendre avec moi, cela ne m'a pas empêchée de l'être avec mon fils ! On évolue maman !!

Ces années l'ont changée, elle qui n'avait aucun filtre, elle qui me blessait comme personne fait un peu plus attention. J'ai un amour infini pour elle. Elle est toujours maladroite, mais je sais qu'elle a fait comme elle a pu. Elle fait partie des rares personnes avec qui j'ai des fous rires, j'admire son talent, sa créativité. Je l'aime comme elle est, et la mère que j'aurais voulu qu'elle soit, je la suis devenue pour moi-même.

Célibataire et bonne mère

Je vis ma vie de mère célibataire. J'ai du succès, je séduis aussi, mais je suis toujours déçue dans mes relations avec les hommes. Comme une vieille rengaine, c'est identifié, analysé. Bien sûr, je suis des thérapies, retraverse l'abandon de mon père, de ma mère, le divorce avec le père de mon fils... Je me remets en question, je n'hésite pas, je cherche, je fais l'arbre généalogique, je comprends, j'avance, mais cela ne change rien.

Une femme seule, un danger pour les couples, pourtant les hommes mariés, ça n'a jamais été mon truc, plus jamais invitée aux dîners. Même si c'est injuste, les épouses n'ont pas complètement tort, les hommes ont cette image de la femme seule, libre, alors disponible et hautement fantasmable.

Je rêve d'un homme, le mien, le plus beau du monde à mes yeux, avec ses défauts assumés, me permettant d'avoir les miens. Les années filent, rien de bien à l'horizon. Mais je m'accroche, j'ai la conviction que je le rencontrerai un jour. J'organise mes vacances seule, mes vieux copains vivent leur vie. Je rame. Partir en vacances, le cauchemar pendant des années, jusqu'à finalement bien aimer ces séjours bizarres, décalés, ces lieux de vacances où la solitude n'est pas si mal. Préférer ça à des vacances de compromis où je dois m'adapter aux autres et être heureuse à tout prix. Assumer d'aller dîner solo dans un restaurant, assumer d'avoir un peu honte, oui, d'être gênée, et même parfois faire demi-tour lorsque je réalise que l'endroit est trop festif ou me dépasse, dîner au milieu de grandes tablées riantes et aimer cette situation « par défaut ». Et gagner suffisamment d'argent chaque année pour partir en vacances avec Santiago, louer des maisons dans des endroits inconnus, aller à la plage, à l'hôtel, au restaurant... Comme je suis fière de ce que je peux offrir à mon fils ! Toute seule, comme une grande !

C'est long... Ça dure...

Je peux dire que je suis une bonne mère, Santiago est encore petit, il est d'une intelligence rare, délicate, d'une grande sensibilité, je lui consacre mon temps, mon attention, mon amour, bref, je suis gaga.

Je cuisine pour lui tous les soirs, chaque repas est une fête, je veille à ce que notre quotidien soit pailleté de surprises, je lui transmets ce que je peux, j'essaye de l'aimer sans l'étouffer. Tout petit, j'ai l'impression d'avoir un vieux sage qui me parle, il me balance des phrases philosophiques, spirituelles, étonnantes, je reste neutre, je ne lui montre pas à quel point il me fascine. Il a une telle soif d'apprendre, alors je fournis, j'use de tous les subterfuges pour qu'il prenne goût à la lecture, je lui transmets toutes mes connaissances musicales, il a la même sensibilité que moi, on danse, on chante, on joue, on s'éclate. Nous rions beaucoup, notre univers est fait d'absurde, d'histoires qui rebondissent de l'un à l'autre, d'harmonie et de joie.

Il peut créer des mondes en Lego pendant des heures, je souffle alors, téléphone à mes copines, fume des cigarettes. Pour tout ce qui est administratif, je suis nulle, une partie de moi reste dans l'enfance, ce n'est pas vraiment celle que j'aurais aimée. Je fais l'autruche, jusqu'à mes 45 ans je vis à découvert, me gare n'importe où, autant les budgets dans le cadre de mon travail, je gère parfaitement, autant ce qui touche à moi, j'en suis incapable.

Je fuis... je fuis... je fuis...

Guérisons

« La guérison ne peut avoir lieu
que par le biais de l'amour. »

Drunvalo Melchizédek

Pierre qui roule et volte-face

Un mois avant la mort de Léo, je suis en Sologne pour un long week-end à la Toussaint avec Santiago et ma mère. Je me suis fait avoir dernièrement dans des « dîners chics » où l'on présente de jolies femmes de 40 ans fraîchement divorcées à des hommes riches et beaucoup plus âgés, dans des appartements somptueux. Beurk.

Un de ces types richissimes essaye de m'impressionner et s'amuse de mon ignorance crasse quant à son illustre personne, bref, je l'envoie chier.

Ça l'excite, il me court après, je repousse ses avances, il m'invite à un événement surprise. « Si... si... tu vas adorer ! » Hors de question, je suis au milieu des bois.

Il insiste.

Au fond, je ferais mieux de réfléchir...

Il va y avoir beaucoup de clients potentiels, je pourrais distribuer mes cartes de visite, avec la maladie de Léo, j'ai moins travaillé, coup de pied au cul. *Vas-y, sois raisonnable, ce n'est qu'une histoire de vingt-quatre heures.*

J'arrive à Paris, je retrouve Edéenne, ma grande amie, joaillière unique et québécoise, pour elle, c'est peut-être une opportunité de rencontres, au moins, on va rigoler ensemble ! C'est dans une petite salle de concert dans le Marais, au cocktail, je retrouve quelques connaissances, quelques têtes connues, oui, on peut dire que c'est le haut du panier. C'est enfin l'heure de l'événement surprise, nous entrons tous dans la petite salle plongée dans le noir, et qui apparaît ?... Les Rolling Stones !

Les Rolling Stones en concert privé, waouhhhhh !

Mais en fait non, je trouve ça pathétique, ces hommes d'affaires qui se trémoussent en costume me gênent, l'esprit rock'n'roll a déserté, caprice de milliardaire avec effet Canada Dry. Qu'est-ce que je fous là ? Je les adore, je les ai vus déjà plusieurs fois en concert, ils sont mythiques, mais pas là, pas comme ça. Le concert se termine, encore un verre de champagne et un petit four chic, impossible pour moi de jouer le jeu plus longtemps. En raccompagnant Edéenne, nous débriefons dans la voiture :

— Alors Belen ? Pourquoi tu n'as pas distribué tes cartes de visite ?

Et moi, je suis bloquée, écœurée.

Je voyais tout, les non-dits, les manipulations, les mensonges que j'entendais en passant à côté d'un petit groupe, les rires trop bruyants, les concours de braguettes, les regards libidineux, l'angoisse de la vieillesse, de la mort, la peur de n'être pas assez riche, d'être moins que l'autre, la cour de Louis XIV, les courtisans !

Le bal des vampires !

Ça, je ne peux pas...

Organiser des événements, faire rêver des clients, leur souffler des paillettes dans les yeux... quelle énergie pour... pas grand-chose.

Le lendemain, je prends la route à 6 heures du matin, il fait nuit, vite, ma forêt ! Je roule, il ne me faut que deux heures pour retrouver ma rivière.

Je suis encore dégoûtée par le spectacle de la veille, cette fosse aux « lions qui ont une patate chaude dans la bouche », je conduis, il fait nuit...

Brusquement sur le panneau d'autoroute, là où il y a les messages « Je respecte les vitesses » ou « Des chantiers Des hommes Je ralentis », apparaissent en néon les deux mots « Hypnose – Magnétisme ».

C'est rapide mais très clair.

Ne me demandez pas si c'est vrai, c'est ce que je vois !

Et là, au volant de ma Ganeshmobile (vous ai-je parlé de ma Ganeshmobile ?), je décide d'arrêter ce métier qui manque de profondeur, qui me laisse un goût de rien, je quitte tout.

Je vais me former à l'hypnose et au magnétisme. Je ne peux plus vivre en disharmonie avec mon être profond.

Ça me donne un peu le vertige, mais cette décision est juste, je le sens, je me sens impeccablement alignée.

Dix ans plus tard, les cabinets d'hypnothérapeutes poussent à tous les coins de rue, mais à l'époque c'était encore assez magique et je n'ai jusqu'alors vécu qu'une seule expérience d'hypnose avec un docteur et une séance de magnétisme avec celui qui me formera plus tard, ma décision est prise en quelques minutes.

J'arrive en Sologne, il fait encore nuit, maman m'ouvre la porte, Santiago dort encore. Je lui annonce mon changement de cap, elle s'exclame :

— Enfin !!

Je suis sidérée par son accueil, elle m'encourage immédiatement ! Au fond, elle a toujours cru en moi.

C'est sa façon de m'aimer.

Quand on vire de bord dans sa vie, c'est rassurant d'être accueillie, parce que je vais faire un vrai « coming out spirituel » !

Je vais enfin assumer mes bizarreries, mes visions, je vais pouvoir écouter ma petite voix intérieure, mon intuition. Je vais commencer par faire des études, mes premières études à presque 40 ans, mais pour cela il faut que je trouve de l'argent pour me financer...

Dans mon escarcelle

Je réunis mes quelques bijoux pour les vendre, maman m'aide en partie. Je n'ai plus de revenus et ces formations coûtent un œil.

Pendant un an, je me forme à l'hypnose ericksonienne[1], à la PNL (programmation neurolinguistique), à l'hypnose de régression entre les vies et dans les vies antérieures au Québec, et les week-ends, je me forme à une technique de guérison par le magnétisme, le Pranic Healing créé aux Philippines par Master Choa Kok Sui. Par la suite, je me formerai à l'EMDR, thérapie pour le traitement des chocs post-traumatiques.

1. L'hypnose ericksonienne est la branche de l'hypnose la plus répandue. Pratique thérapeutique, l'hypnose ericksonienne permet d'atteindre un état modifié de conscience pour accéder aux ressources inconscientes de chacun.

Et d'autres thérapies ou techniques que j'ai oubliées, il est tentant de courir les formations, j'ai vite préféré approfondir et fusionner les outils qui résonnaient le plus pour moi et qui me semblaient les plus efficaces.

Une de mes tantes, Isabel, la sœur de mon père, habite à Sainte-Marguerite-sur-Mer en Normandie, « la Côte d'Opale », cette région est particulière, sa nature est dramatique et magnifique, les plages de galets, les falaises plongent dans une mer de tous les verts et de tous les bleu laiteux. Il y a des jardins anglais de roses, d'hortensias et des plantes rares et étonnantes. Elle me présente celle qui deviendra une amie très chère et ma camarade d'initiation, Bérengère de B. Mes cours me passionnent, je découvre de multiples techniques, et c'est comme si j'avais à nouveau accès à ce que je connaissais déjà. Mon rêve de petite fille de faire de la magie me semblait la chose la plus naturelle du monde, comme si c'était déjà programmé. J'ai toujours pressenti, frayé les mondes invisibles, là ils se concrétisent, des gens sérieux m'enseignent leurs règles et leurs fonctionnements. Personne ne pouffe de rire quand on parle d'entités, d'âmes désincarnées, de vie après la mort. Je rencontre des gens qui parlent le même langage que moi. Ces mondes sont complexes, peuplés d'une infinité d'interactions au-delà du monde matériel.

Les cours de PNL, eux, sont particulièrement pénibles, c'est comme s'il fallait que je déconstruise ce que je savais de façon innée pour le décortiquer, l'analyser et le réapprendre autrement. Ça me barbe, mais je joue le jeu.

Je dois apprendre par cœur toutes les techniques d'hypnose, Santiago m'interroge et, par la même occasion, apprend avec moi.

Je suis très sérieuse pour mes études, je deviens une super élève, Léo vient à peine de nous quitter, c'est insupportable. Elle me manque viscéralement, on m'a arraché une jambe, un bras, un œil, le cœur. J'ai toujours ce réflexe quotidien de l'appeler au téléphone ou de lui envoyer un message.

Je me sens seule, je me vois comme un ermite, le baluchon sur l'épaule, continuant son chemin. J'avance coûte que coûte, parfois je rêve juste que l'on me prenne la main. J'étudie plusieurs heures par jour, je suis assoiffée de connaissances.

Des mondes s'ouvrent à moi.

Thérapie énergétique

Je commence par faire des soins à distance grâce aux techniques de Pranic Healing, c'est incroyable comme c'est efficace ! Je peux voir à distance des blessures qui n'ont pas été cicatrisées dans les corps subtils et les soigner. Ceux à qui je fais ces soins ne me disent rien à l'avance, je leur envoie une heure plus tard un compte rendu de ce que j'ai vu et fait, c'est très étonnant. Même si je commence ma pratique avec le Pranic Healing, et que je suis stupéfaite par ses résultats, il m'est plus confortable de me cacher derrière quelque chose de plus acceptable : l'hypnose.

Aie confiance... Tsss... Tsss

Je choisis l'école d'hypnose la plus « classique » à Paris, l'IFHE, les cours sont passionnants, je me forme à l'hypnose ericksonienne, très bon outil pour créer du changement. J'adore être étudiante à 40 ans ! Apprendre par envie, par curiosité. Je suis insatiable et très sérieuse, je n'ai aucun filet de sécurité, je ne peux pas me planter. Ce métier, je dois le réussir, c'est mon rêve d'enfant et la possibilité d'exercer un travail qui soit un plaisir.

Vies antérieures ou multidimensionnalité

Durant l'été de mon année d'apprentissage, je repère sur Internet une formation d'hypnose régressive dans les vies antérieures et entre les vies.

JJC nous apprend sa technique dans un hôtel qui surplombe le lac Memphrémagog, nous sommes fin septembre, c'est l'été indien, la nature est de tous les jaunes, orange, verts, les couchers du soleil sur le lac sont flamboyants. Nous alternons de longs moments d'étude avec des pauses joyeuses, j'adore mes nouveaux camarades et j'aime leur regard bienveillant, eux qui ne savent rien de moi.

Nous nous exerçons entre nous, mais je souhaite faire une vraie séance avec un professionnel, je prends rendez-vous en fin de journée avec une des thérapeutes spécialisées qui fait partie de l'encadrement.

Je pars facilement en transe, cette année avec mon autre formation d'hypnose, je commence à être rodée.

Les séances sont enregistrées, après la longue induction (mise en transe), je pousse la première porte et débute la visite de trois vies antérieures ou parallèles.

Après le passage à la mort de la dernière vie, je monte… je flotte… dans une lumière blanche intense et douce. La thérapeute, au bout d'un moment, me demande si je perçois une ou plusieurs présences…

Apparaissent très clairement un homme et une femme, ils sont d'âge mûr, ils portent la sagesse en eux, ils dégagent une énergie rassurante, aimante. À leurs pieds, je vois cinq petits enfants, ça me surprend. Je leur pose mes questions préparées à l'avance que la thérapeute me souffle pendant l'hypnose, elle note alors les réponses.

Apparaît soudain un homme, il est brun, il a une barbe, je le reconnais. Je suis sous le choc, une immense vague d'amour me submerge, les larmes me montent aux yeux. Il m'approche, plonge ses yeux dans les miens, me sourit. Je ressens une joie et un soulagement inédits, il s'avance et m'entoure de ses bras. C'est un peu comme si je retrouvais ma maison, mon pays disparu depuis longtemps, mais tellement plus fort. Cet amour, je ne le connais pas sur Terre, chaque cellule de mon corps vibre à une fréquence d'amour si haute qu'il n'y a pas de mots pour le décrire. Je sens les larmes qui coulent sur mes joues, je pleure de joie. Je le retrouve enfin… je l'ai attendu si longtemps… je me blottis contre lui, mon corps épouse le sien, j'ai la sensation d'être arrivée. Quel amour…

Le temps n'existe plus, je ne veux plus bouger. La thérapeute me demande ce qu'il se passe, mais je ne peux plus parler. Elle insiste, je lui réponds faiblement que je retrouve celui que j'aime. Elle tient le cap, elle me dit de lui poser mes questions.

Je me décolle légèrement de lui, je lui demande :

— Vais-je te rencontrer dans cette vie ?

Il me répond :

— Oui.

Avec un grand sourire. Mon cœur éclate de joie.

Je lui demande :

— Quand ?

Il me répond :

— Pas encore.

— Quand ?

— Dans quelques années…

Je sens qu'il ne faut pas lui demander précisément quand, mais je ne peux m'en empêcher :

— Dans peu d'années ou dans beaucoup d'années ?

— Tu vas attendre encore, mon amour.

Je baigne dans cet amour indescriptible, mes larmes continuent de couler, je n'ai jamais été autant à ma place de ma vie, c'est là, c'est lui, c'est maintenant.

— Belen, vous allez lui dire au revoir, et tout doucement redescendre strate après strate…

Quoi ? Lui dire au revoir ? Mais c'est impossible ! Je préfère mourir tout de suite, et rester avec lui.

— Belen... Prenez votre temps mais il faut lui dire au revoir.

Je ne peux pas.

— Belen...

Je ne veux pas.

Je suis dans ses bras, je l'ai enfin retrouvé, je ne peux pas. La thérapeute attend, puis revient à la charge, l'heure tourne, elle doit en avoir marre. Je comprends que je n'ai pas le choix de le quitter. Mon cœur se déchire, je ne pleure plus de joie mais d'arrachement, il s'éloigne, j'entends mes sanglots, mes cris. Moi qui ravale toujours mes larmes, c'est le déluge. C'est inhumain de l'avoir retrouvé et de devoir nous quitter à nouveau. Mais il le faut...

Je redescends plus vite que prévu, je repasse par les différents niveaux jusqu'à la sortie de transe. J'ouvre les yeux, la thérapeute me regarde en souriant doucement.

Je suis sidérée.

Ce que je viens de vivre est encore plus fort que la naissance de mon fils, et déjà c'était incommensurable.

Cet amour ne correspond à rien de ce que j'ai vécu sur Terre.

Tellement plus ample, infini.

Il n'y a pas de mots.

Mais je vais le rencontrer ici-bas, je le savais ! Toujours dans son énergie, je sais que je vais pouvoir attendre.

Depuis cette formation, je pratique cette hypnose avec parcimonie. La gourmandise de certains clients pour leurs vies antérieures n'est pas toujours justifiée, une curiosité menée par l'ego.

Mais si l'on regarde par la lorgnette multidimensionnelle, c'est-à-dire que toutes ces vies sont simultanées et non dans un temps chronologique, il peut être intéressant de débloquer des situations qui sont restées figées dans une autre vie, un autre temps.

Lorsque perdus dans nos vies, nous cherchons des réponses sur nos « missions de vie », elles sont presque toujours à l'intérieur de nous. Il n'y a donc pas forcément de grandes révélations... Cela peut nous conforter, nous donner le courage de nous lancer dans une nouvelle aventure qui nous attirait depuis longtemps...

Le jeu des devinettes

Prendre soin des autres, c'est ce que je fais depuis l'enfance, aujourd'hui, j'en fais mon métier. C'est devenu une seconde nature, la famille, les amis, les connaissances, les gens dans la rue, dans mon boulot. Maintenant je veux cadrer, délimiter, un début, une fin, de telle heure à telle heure, stopper cette hémorragie d'attention à tout le monde et à n'importe qui. Tous ces outils en poche, je recommence tout à zéro, à nouveau. Je suis portée par une évidence depuis que j'ai changé de cap professionnel, bien sûr que je ne me sens pas légitime, bien sûr que les premières séances je doute de moi, mais quelque chose de plus fort me pousse en avant. Je me fais faire de nouvelles cartes de visite, et je les distribue dans mon quartier, chez les commerçants. Je m'exerce pour commencer sur mes amis, mes cousines, puis assez vite des clients arrivent.

Le bouche à oreille commence à prendre, mes créneaux se remplissent, ouf. Il faut que je sois répertoriée sur Google, je me renseigne, pour cela, il faut créer un blog « Le Monde de B », une page Twitter, Facebook pro... Je réactive une vieille page Facebook, en crée une pour mon nouveau travail. Je crée du contenu, j'écris des articles sur l'hypnose, le moment présent, la vie après la mort, la zone de confort... Je nourris mes pages avec les excellents films Tistrya, avec les commentaires de mes consultants, des *quotes*. Bref, je m'improvise *Community manager*, je connais beaucoup de monde, ça me sert, j'apprends à m'en servir.

Rapidement, j'ai des sujets lourds, inceste, abus, deuil, agression, viol, mais je sens que c'est OK pour moi, finalement les épreuves de ma vie m'ont beaucoup apporté, et je ressens de l'amour pour chaque personne qui vient me voir.

Au fond de moi, je sais qu'il va falloir que j'acquière une solide expérience, j'aimerais vite trouver une méthode efficace pour aider les gens à aller mieux. Je continue les thérapies personnelles, je fais quelques formations, et je lis beaucoup. Avec Bérengère, nous nous échangeons nos trouvailles, nous partageons, deux amies sur ce chemin, c'est une chance. Ma pratique évolue avec le temps, elle est en mouvement permanent.

Je rencontre à cette époque des guérisseurs formidables, Carnita S., une psychologue clinicienne et médium, nous faisons un bout de chemin ensemble, elle m'initie à la multidimensionnalité, à la possibilité de me connecter à tous mes autres moi dans des mondes parallèles, d'équilibrer nos besoins, nos énergies. Elle m'entraîne aux expansions de cœur et m'aide à tirer les ficelles de ma psyché.

Laurent B. est énergéticien et exorciste, nous avons un coup de foudre amical, une reconnaissance karmique.

Un jour, il vient à la maison, s'assied près de moi et me dit :

— Ferme les yeux et ouvre la main.

Je m'exécute, il pose un objet dans le creux de ma main, les yeux fermés, je vois une forêt, je galope et bondis, je sens que je suis un animal, court sur pattes, quel animal ? J'ai soif, je m'approche d'une mare d'eau, en me penchant, je vois le reflet d'un sanglier. L'image qui suit, je vois une hutte, un homme en tunique sale, autour de son cou, je vois un pendentif. Laurent me dit doucement d'ouvrir les yeux et d'écarter les doigts, je découvre alors un pendentif en défense, c'est un bout de défense de sanglier serti dans du bronze. À nouveau, il me dit :

— Ferme les yeux et ouvre la main.

Il dépose un nouvel objet dans ma main, c'est petit et un peu rond. Je ferme les yeux.

Du sable… du sable… le vent souffle du sable… J'arrive devant un grand édifice nu, je rentre dedans, sur le mur intérieur des peintures et en face de moi, un immense œil d'Horus.

Laurent rigole, il me dit d'ouvrir les yeux et la main, je découvre une bague en argent avec l'œil d'Horus en petites pierres de turquoise et d'obsidienne.

À nouveau, il me dit :

— Ferme les yeux et ouvre la main.

Là encore je lui obéis, dans ma main, il dépose alors que j'ai les yeux fermés un petit objet de forme indéfinissable. Je suis au-dessus de la Terre dans l'espace, le silence, je flotte… Soudain des météorites filent, larguant des traînées de poussière derrière elles. Je ne comprends pas, mais Laurent éclate de rire, me dit d'ouvrir les yeux et la main. Un morceau de météorite poli est niché dans le creux de ma main.

Je suis stupéfaite, j'ai passé le test !! Je découvre la psychométrie (lire les objets avec le pouvoir du toucher). Nous passons des heures à parler sur mon canapé, Laurent m'apprend mille choses, m'ouvre la conscience. Comme l'énergie dans le salon est hallucinante, vibrante, palpable, il me propose d'essayer sa spécialité à lui, les vortex. Debout, face à face, il me montre comment créer un vortex pour renvoyer soit en bas, soit en haut les entités non désirées chez moi. Très vite en me balançant de façon circulaire (le hula hoop version transcendantale), avec une respiration particulière, la respiration du dragon, les mains devant moi, je sens ce tube d'énergie bien palpable se créer, puis tournoyer autour de moi, s'élargir, s'agrandir, faire son travail. Laurent est ravi ! Je suis flattée, nous avons le même type d'énergie, me dit-il, et vu le bonhomme, il y a de quoi !

Au fil des années, Laurent deviendra mon meilleur ami, mon frère, parmi cette nouvelle famille que je choisis, il me partage ses connaissances, ses écrits, notre amitié grandit année après année. Aujourd'hui, nous nous soutenons dans les moments difficiles, nous nous enthousiasmons pour les bonnes nouvelles échangées. Il est spécialisé dans les jumeaux perdus, je lui envoie les consultants quand je sens un·e jumeau·elle ou une entité que je ne veux pas toucher.

Au début de ma pratique, comme ce sont des mondes que je découvre, je décèle beaucoup d'entités du bas astral, des « bestioles », comme on dit dans le jargon, des défunts perdus accrochés aux vivants... Mais ces mondes ne m'attirent pas, contrairement à mon amie Bérengère. J'ai toujours préféré la lumière, je mêle le magnétisme à l'hypnose, l'hypnose au magnétisme, et je fais de mon mieux pour faire du bien.

Tous ces apprentissages peuvent vite faire perdre la tête, mais j'ai Santiago. Je finis tôt pour l'accueillir après l'école, il me raconte sa journée, ses états d'âme. Ensuite je pars marcher un peu, faire les courses. Je lui prépare tous les soirs un bon dîner, avec amour, je mets un joli couvert, ou nous dînons devant un film.

Mon rôle de mère est ma joie, mon ancrage.

Je sors peu le soir, déjà lorsque je travaille le lendemain, c'est difficile, je veux être en pleine forme pour mes clients. À part de temps en temps un amoureux que je ne vois que deux week-ends par mois, ma vie est consacrée à mon fils et à mon travail.

J'aimerais qu'il en soit autrement, mais je sens que je dois passer par là.

Celui qui a été l'un de mes meilleurs guides pendant ces années est le Dr Portes, il est médecin généraliste, formé à l'acupuncture et à bien plus large encore, il pratique une médecine préventive et holistique. Il soigne avec l'homéopathie et, ce que je préfère, la phytothérapie. J'adore ces longs traitements à base de gouttes d'écorce d'arbre, je bois quelques gouttes de forêt tous les matins. C'est celui qui m'apprend que ce que nous vivons, nous l'attirons, il me permet de sortir de mon rôle bien huilé de victime.

Vous choisissez votre famille, vos parents, vos épreuves afin d'avoir l'apprentissage nécessaire que vous êtes venu chercher dans cette vie.

Même pour le viol ?

Même, pour le viol.

Par strates et dans le temps, je finis par me pardonner, et par confier à plus grand que moi le pardon à celui qui a violé. Je finis par pardonner à ma mère, puisqu'elle a joué le rôle dont j'avais besoin pour développer mon empathie. À mon père pour que je puisse dépasser l'abandon... Petit à petit, je réalise que chacune de mes épreuves m'a emmenée quelque part, m'a apporté quelque chose de précieux.

Bugarach et compagnie

Bérengère me propose de rejoindre un de ses amis au mont Bugarach, en pays Cathare. Après avoir atterri à Perpignan et loué une voiture, nous avons rendez-vous à la nuit tombée au pied de la tour Magdala, à Rennes-le-Château, où nous attendent un druide, un alchimiste, un écrivain, un mage et un chevalier templier...

Fine équipe, nous voilà partis pour une semaine d'exploration dans ce pays d'une autre dimension. Bugarach, ce lieu mythique qui a inspiré de nombreuses légendes. Le mont serait une porte stellaire, un immense vortex... Le fameux 21 décembre 2012 alors qu'était annoncée la fin du monde, 300 journalistes accrédités, 84 médias différents venus de 18 pays se bousculèrent sur place, ce devait être le dernier endroit où survivre... Ce qu'il s'est passé finalement en 2012 était peut-être la fin d'un monde, mais ce n'était certainement pas visible, car ils sont tous rentrés penauds ! Le lendemain d'une première soirée où nous faisons connaissance avec nos compagnons de la semaine, nous partons avec Bérengère escalader le fameux Pech de Bugarach. Ce qu'elle a de particulier, cette montagne, c'est que l'ordre des couches géologiques est inversé, c'est une montagne « à l'envers ».

Nous commençons à marcher sur le sentier, curieuses et excitées, tout le long, nous découvrons des signes étranges sur les rochers et les arbres, nous avons des sensations bizarres dans le corps, l'atmosphère est chargée. Arrivée sur le plateau au sommet, je suis prise de vertiges, impossible de me tenir debout ! Je me mets à quatre pattes, le soleil tape, l'air est frais, je m'allonge sur l'herbe rêche. Je laisse les énergies me traverser, je plonge mes racines dans la terre... Je tangue... Bérengère, elle, voltige sur le plateau, chacune sa sensibilité, nous rions. Ce que je ressens est organique, minéral, éthéré... J'éteins mon mental, je ne suis que sur mes perceptions sensorielles, j'infuse, ça me plaît.

Le lendemain, nous allons tous ensemble nous promener aux gorges de Galamus, l'ermitage Saint-Antoine-de-Galamus où au xve siècle des franciscains aménagèrent une grotte en chapelle, sur un flanc vertigineux au creux de la montagne, nous plongeons dans l'Histoire. Ensuite, c'est parti pour une merveille de cette région, les eaux de la Sals ou « les fontaines des amours », ce sont des bassins naturels reliés entre eux par des cascades, l'endroit est magique, si deux amoureux s'y baignent, leur amour est scellé à vie. Le soir, nous dînons tous ensemble chez l'écrivain, il est fou amoureux de Bérengère, ils racontent chacun leurs anecdotes, leurs mystères, leur magie, je suis une novice, j'écoute et j'apprends. Je me sens bien avec cette joyeuse bande, bien mieux qu'avec les gens du microcosme parisien, je suis chez moi, au bon endroit, au bon moment.

À l'âge de 20 ans, je me suis passionnée pour les templiers, le symbolisme, les compagnons du Tour de France, j'ai lu des montagnes de livres, visionné des tas de documentaires sur VHS, je cache depuis longtemps mon appétence pour les mystères, je cherche seule. Bérengère est pour cela une merveilleuse amie, nous parlons le même langage.

Le lendemain, nous allons cheminer dans le Labyrinthe Vert à Nébias, plus couramment appelé le Labyrinthe des Fées. Les dédales dans cette nature sont magiques, je me gorge de ces verts et je salue les êtres qui peuplent les lieux. Le jour suivant, nous allons voir le fameux « fauteuil du diable », un étrange rocher taillé en forme de fauteuil et situé à flanc de montagne face à Rennes-les-Bains. Il faut marcher un certain temps, le druide nous raconte les légendes de ces lieux, en attendant mon tour de m'asseoir sur le fauteuil du diable, j'aperçois de petits êtres dansant dans les herbes hautes, je m'arrête, ne bouge plus, les contours de ces êtres se précisent, j'ai le droit à un ballet ! Ils ondulent, c'est joyeux, ils sont trois et dansent ensemble. Je ne peux plus dire un mot, je les regarde, fascinée. Ce que je voyais petite est bien réel, mon cœur danse aussi !

On m'appelle, c'est mon tour, je prends place le cœur battant sur la roche, c'est vraiment un gros fauteuil ! Je ferme les yeux, je ne me souviens plus très bien, je ne notais rien à l'époque, mais j'ai eu la visite de deux personnages qui m'ont longuement parlé, mes jambes commencent tout doucement à trembler, je n'ai pas froid. Ce que j'ai entendu ce jour-là reste dans un repli de ma mémoire… Au bout de six jours, nous quittons nos joyeux et mystérieux compères, retour à Paris, les poches pleines de magie.

Le chaman et les singes hurleurs

Ma mère, Santiago et moi partons en vacances au Pérou. Nous arrivons à Lima où nous passons les deux premiers jours avant d'aller en forêt d'Amazonie. Le voyage est organisé pour que nous nous acclimations doucement aux différents niveaux de climats et d'altitude. Lima est assez soft pour commencer, nous visitons le musée d'Art précolombien, le musée Larco. J'y reconnais de nombreux objets qui ont peuplé mon enfance, j'ai toujours aimé leurs traits géométriques, animistes, puissants. Nous goûtons nos premiers vrais ceviches et Pisco sours sur la côte Pacifique. La mer est bleu foncé, agitée et pas du tout accueillante, et nous visitons la cathédrale basilique Saint-Jean-l'Apôtre-et-l'Évangéliste de Lima, l'église San Pedro et d'autres églises hallucinantes. Des statues, de l'or, des murs peints de motifs jaune, bleu, rouge sang, des cercueils, des os, la dépouille de Pissaro, des Jésus sanguinolents, des vierges aux lourdes robes et aux couronnes chargées de pierres multicolores. Santiago n'en peut plus, il ressent la lourdeur des prières, je la ressens aussi, mais je sais m'en protéger, les énergies sont denses et intenses.

Nous prenons un avion pour la région de Madre de Dios, un petit bateau nous emmène dans un lodge en pleine jungle amazonienne. Nous découvrons l'humidité, l'odeur de moisi et les multiples bruits de la faune, ainsi que notre bungalow. Il n'y a ni toit ni fenêtres, on se regarde avec Santiago et en même temps on pense aux insectes rampants à pattes velues. Heureusement, nos deux lits sont entourés de grandes moustiquaires. J'ai du mal à respirer dans cette atmosphère lourde d'eau. La première nuit, nous sommes réveillés vers 4 heures du matin par un hélicoptère, on se lève, se dirige vers les grandes ouvertures sans fenêtres, il fait encore très sombre. Un hélicoptère va se poser en pleine jungle ? Il est tout proche, je ne comprends pas très bien où il va atterrir, Santiago se le demande aussi. Mais le bruit assourdissant continue, s'approche, s'éloigne... Mystère... Nous finissons par retourner nous coucher. Le lendemain, je demande à un serveur au petit-déjeuner pourquoi un hélicoptère a survolé si bas la jungle et si longtemps. Il éclate de rire ! Il nous explique que ce sont des singes hurleurs. Des singes hurleurs ?!?!

Un matin, nous grimpons une tour en bois, juste au-dessus de la canopée, pour assister au lever du soleil, la brume recouvre la cime des arbres, c'est magique, la forêt primaire, nous sommes tout petits et faisons partie du tout. Les arbres sont centenaires, leurs troncs ont une circonférence de plusieurs mètres, j'ai du mal à respirer, tout est humide, mouillé, mes vêtements me collent à la peau, j'étouffe. La vie grouille tout autour, des milliards de sifflements, de cris, de chants, de bruissements. Je guette le chaman, il est parti il y a quelques jours pour une purge dans la jungle. J'aimerais savoir comment il se nettoie, je me rends compte qu'il m'est difficile de ne pas me charger des émotions, des énergies et des entités de mes consultants, lui, le chaman d'Amazonie, a sûrement la réponse. On me prévient de son retour, je l'attends au bord du fleuve, à la lisière de la forêt, nous devons repartir bientôt. Il apparaît soudain sortant d'un bosquet, ses yeux sont rouges, sa peau est brune, tannée, il s'approche de moi. Je lui demande en espagnol si je peux lui poser une question, il me sourit étrangement et me dit oui.

— Comment vous purifiez-vous des mauvais esprits et des mauvaises énergies, surtout quand vous faites des sessions avec les touristes ?

Il me répond :

— Avec l'eau. Simplement l'eau.

Je suis étonnée car je fais pareil, après chaque séance, je passe mes mains sous l'eau. En fin de journée, je prends une douche en pleine conscience et demande à l'esprit et aux devas de l'eau de me nettoyer de toutes les énergies étrangères et toxiques. Parfois, si la journée de travail a été lourde, je me frotte doucement la peau au gros sel avant de me rincer.

Puis il me regarde, me fait un clin d'œil et me dit :

— Tu sais tout ça, c'est déjà en toi, n'oublie pas de t'en souvenir...

Ça me fait plaisir et ça me fait bizarre. Son attitude est très familière, je ne le « reconnais » pas, mais lui a l'air de me connaître, j'ai l'impression qu'il lit à travers moi.

Je le remercie, on se sourit, ils m'appellent du bateau pour partir, j'ai d'autres questions, je repars avec.

L'homme-poisson, c'est lui ?

Un prince russe perdu depuis l'enfance me retrouve sur Instagram, m'envoie un message, il aimerait me voir. Quand elle était jeune adolescente, Léo était très amoureuse de lui, elle parlait de lui avec désespoir, un jeune homme mystérieux, inapprochable, le romantisme absolu. Il m'écrit qu'il se souvient de moi dans la cour de récréation, nous étions dans la même école, mais un trait sur le sol démarquait le primaire du secondaire, je n'étais qu'une enfant, mais il se souvient de moi, moi aussi, il m'a marquée. Nous convenons d'un rendez-vous sur l'île Saint-Louis, c'est l'été. Je suis nerveuse de le rencontrer, j'ai déjà imaginé mille scénarios, mon cœur bat la chamade, il arrive. Je ne sais pas, mais je l'avais imaginé plus grand, plus viril, son allure juvénile me trouble. Le prince travaille dans le monde de la culture, il est volubile, regarde un peu en coin, il a un drôle de sourire, il est beaucoup plus beau quand il est sérieux. Très cultivé, curieux, d'une élégance évidente, il a un charme fou. Il fume cigarette sur cigarette et boit de la bière. Il est du signe du Poisson, je fonds… Après une jolie cour, quelques enflammades et déceptions, attractions et désillusions, nous décidons d'être amis, et nous le sommes toujours. Sans m'en rendre compte, je garde ce lien avec Léo, l'envie d'aimer pour elle, de vivre une histoire qu'elle n'a pas pu vivre. Faire deux pas en arrière, regarder et voir.

Ma *sista* !!

Bérengère m'appelle, il vient de lui arriver une histoire incroyable. La pharmacienne en face de chez elle, celle qu'elle croise depuis quelques années, lui a parlé hier. Elle lui a demandé si elle s'appelait bien Bérengère, si elle a eu un fils qui s'appelle Adrien. Elle lui répond oui aux deux questions. La pharmacienne s'est décomposée, elle lui a demandé de prendre un café avec elle. Elle s'appelle Christèle Da Piedade, elle a l'impression de devenir folle ces derniers temps.

Un soir, alors que son mari et sa fille étaient couchés, elle a une vision bien claire, elle voit un petit garçon trempé dans son salon, elle se sent alors très mal. Elle se dit qu'elle hallucine, mais cette même présence se montre à nouveau alors qu'elle se couche, cette fois-ci sous les traits d'un jeune homme de 30 ans, habillé en moine tibétain. Il lui dit qu'il s'appelle Adrien. Christèle se couche affolée, elle a l'impression de devenir dingue, sentiment qui ne la quittera plus pendant les mois qui vont suivre. Elle n'est pas du tout branchée spiritualité, elle ne s'est même presque jamais posé la question depuis que, enfant, sa mère l'a emmenée se faire exorciser car elle voyait son grand-père mort. Mais c'est loin... Elle est mariée à un musicien, elle a une fille de 15 ans, elle habite à Saint-Ouen. Ses origines remontent loin à l'époque des esclavagistes et des esclaves au Brésil, et un peu avant au Portugal.

Elle est magnifique, solaire, sa peau est noire, ses yeux sont bons, sa bouche ourlée est une merveille, elle a un visage rayonnant.

Adrien vient la voir régulièrement depuis une semaine, il lui raconte qu'il s'est noyé dans les douves du château familial, il lui parle de sa mère Bérengère, il a un message à lui faire passer et c'est urgent.

Mais Christèle ne sait pas quoi faire, est-ce son imagination ?

Est-elle en plein délire ?

Mais dès qu'elle parle à Bérengère, tout est vrai. Les noms, les prénoms, les dates, les descriptions... C'est tellement fou ce qui lui arrive, à chaque fois qu'Adrien se présente à elle, Christèle ressent toutes ses émotions, elle ressent une forte chaleur sur sa nuque, ça l'épuise, elle cherche à comprendre, elle n'y croit pas, pourtant immanquablement Bérengère lui confirme tout ce qu'elle dit. Christèle est dans tous ses états. Pourquoi ces visions ? Ces messages ? Adrien lui parle sans arrêt, il lui apprend à méditer, la guide, mais Christèle craque.

Bérengère m'appelle alors pour que je prenne Christèle en consultation, elle pense que je vais certainement pouvoir l'aider. Elle finit par me téléphoner, je sens que ce n'est pas une séance « classique » qui va l'aider, je lui propose de venir prendre un thé avec Bérengère un samedi, on convient d'une date toutes les trois.

Elles arrivent, j'ai préparé un thé, une bonne brioche, j'ouvre la porte, Bérengère entre en premier et je vois Christèle magnifique pour la première fois. Elle m'a l'air un peu égarée, elle s'assied et commence à nous raconter son histoire. J'essaye de la rassurer, elle est pleine de doutes et pourtant tout ce qu'elle dit jusqu'à maintenant est parfaitement juste.

Soudain elle regarde juste derrière moi, derrière le canapé où je suis assise, et elle me dit :

— Ta sœur est là. Elle te ressemble beaucoup mais elle a les yeux noirs.

J'essaye de rester neutre. Bérengère aussi.

Christèle a l'air en transe.

— Elle s'appelle Léo ?

Je lui réponds que oui, ma sœur s'appelle Léo. Je vais chercher une photo, je la lui montre, elle la reconnaît instantanément. Même si je sens Léo depuis qu'elle nous a quittés, c'est la première fois qu'une personne la voit, que je peux être en contact direct avec elle.

Elle se lève soudain, sa bouche tremble, des larmes plein les yeux, elle articule :

— Non ! Ce n'est pas vrai ! C'est trop ! Je ne veux pas ! Je ne peux pas !

Elle attrape son manteau et fonce vers la porte, elle veut s'enfuir, on la rattrape, je la prends dans mes bras, la serre fort, je la sens si proche, je l'ai rencontrée il y a quinze minutes et pourtant je la connais depuis toujours...

Nous l'asseyons sur le canapé, nous lui expliquons qu'elle est médium, je demande à Léo de la laisser pour le moment, nous nous parlerons plus tard.

Je lui dis que d'autres médiums existent, que ce qui lui arrive est dingue mais qu'elle n'est pas seule, que nous allons l'aider avec Bérengère, que c'est un cadeau du ciel... Je lui donne le premier livre de Patricia Darré *Un souffle vers l'Éternité*, une médaille de l'archange Michael que Bérengère m'avait donnée. Cette première entrevue est épuisante, elles repartent, je suis stupéfaite qu'elle ait vu Léo, oui, Léo est bien là, avec moi. Je la sentais mais c'est très différent quand quelqu'un vous le confirme si précisément.

Avant de venir à la maison, Christèle ne connaissait que mon prénom. Je comprends son angoisse, ses peurs, elle n'a rien demandé et se retrouve du jour au lendemain à entendre, à sentir et à voir ceux qui sont passés de l'autre côté.

Bérengère est tellement heureuse d'avoir des nouvelles de son fils Adrien[1] , de savoir qu'il est là, qu'il est dans les hautes strates de la Sagesse et qu'il la protège... C'est merveilleux...

J'ai vu beaucoup de médiums dans ma vie, mais elle est du cristal, elle est si précise que c'est un peu affolant. Notre Whoopi Goldberg dans le film *Ghost* !!

Ce qui est vraiment étonnant en plus de sa médiumnité évidente, c'est que nous avons la sensation de nous connaître depuis toujours, je connais Bérengère depuis une dizaine d'années. Nous sommes toutes les trois les sœurs Dalton, une grande Black, une moyenne brune et une petite blonde ! Pourtant nous sommes les *sistas* !!

Quelle merveilleuse rencontre, je ressens une joie intense. Christèle est aussi heureuse de nous avoir avec elle, alors plus en confiance, ses dons s'ouvrent d'une façon spectaculaire.

1. « Les anges ne meurent jamais. »

Ils sont balèzes

Les vacances de la Toussaint en Sologne avec maman et Santiago sont écourtées à cause d'une subtile coupure d'électricité qui dure depuis quarante-huit heures. La maison est vite glaciale, nous décidons de rentrer à Paris, ça tombe bien, la tension entre maman et moi est à son maximum. En repartant, nous apercevons une camionnette EDF à quinze mètres de la maison, le pylône qui bordait la rivière est tombé, arrachant tous les câbles électriques, ils vont réparer, mais nous rentrons quand même à Paris.

En me garant rue Cognacq-Jay, Christèle m'appelle, nous ne nous sommes pas parlé depuis mon arrivée en Sologne. Léo est venue la voir.

Timide, elle n'osait pas me transmettre les nombreux messages de ma sœur.

— Merci pour ce que tu as fait pour moi... d'avoir toujours été là. Pardon de ne pas te l'avoir dit.

— La coupure d'électricité, c'est moi !

— Il fallait que tu t'éloignes de maman.

— Je suis bien maintenant !

— Tu serais morte de rire si tu me voyais !

— Je me forme, j'apprends plein de choses ici !

— Tu m'as toujours portée, merci...

— Ce n'est pas de ta faute !

— Vis ta vie !

— Lâche !

J'ai un choc. D'abord parce que recevoir des messages aussi clairs de ma sœur est inouï, ensuite parce que Léo ne m'a jamais dit merci.

Je m'effondre en sanglots, je suis touchée, profondément touchée. Le message de Christèle soigne des années d'injustice, il y a réparation. Il est évident que je n'ai pas été là pour ma sœur afin d'avoir une médaille, mais je ressens alors la puissance du mot MERCI. Des morceaux de mon cœur se recollent.

Ensuite, ma place dans ma famille, c'est celle qui veille, qui prend soin, qui sauve. Mais je suis aussi la chieuse, celle qui est trop sensible, celle qui emmerde tout le monde.

Je vois les injustices, les incohérences, les déséquilibres, je ressens la douleur, la tristesse, la différence. Oui, je me sens différente. Tous mes sens sont trop développés, je sens trop, je vois trop, je ressens trop, j'entends trop, je goûte trop. Et j'ai cette culpabilité absurde depuis l'enfance vis-à-vis de maman : elle m'a dit que mon père avait commencé à la tromper lorsqu'elle était enceinte de moi, mais est-ce la raison pour laquelle je dois me faire pardonner et la protéger coûte que coûte ?

Il faut que j'arrête de la porter. Elle se porte très bien toute seule !

Alors en ce mois de novembre 2018, je décide de commencer MA vie.

Ne plus être en réaction mais en action, lâcher la survie pour la vie. Je lâche maman et me consacre uniquement à mon fils et à moi.

La prochaine étape consistera à me faire passer avant mon fils de temps en temps et peut-être arriver un jour à être ma priorité.

Mais au fond qu'est-ce que j'aime ? Qu'est-ce que je veux ? Finalement, me reconnecter à moi-même, cette connexion égarée à l'intérieur de moi depuis si longtemps...

« Vis ta vie ! »

Je prends alors beaucoup de distance avec ma mère pendant les mois qui suivent, elle le vit très bien, peut-être grâce à son indifférence légendaire, et mon frère Alvaro est loin depuis longtemps. Nous nous voyons peu, nous nous agaçons, il est très aimant avec ses deux filles et sa fiancée, nous, ça viendra plus tard, j'espère. J'ai régulièrement Christèle au téléphone, j'ai l'impression que je vis dans un jeu vidéo : *Super Mario Bros*, je passe les étapes, et si je réussis, je monte au niveau supérieur avec quelques clés en plus dans les poches.

Douceur paternelle

Papa a été diagnostiqué, il a la maladie d'Alzheimer depuis un an. Aujourd'hui, il est doux comme un agneau, tendre, il ne me reconnaît pas toujours, mais me laisse des messages où il m'appelle « mon bébé ». Ça me touche, il n'a jamais eu de mots tendres, il a toujours été très dur ou superficiel, et maintenant papa est adorable. Je ressens à la fois une immense tendresse pour lui et une grande distance, à la fois familier et étranger. Il ne sait rien de moi, il ne me connaît pas, mais avec sa mémoire défaillante, je me sens aimée de façon sous-jacente. Je lui en veux d'avoir été absent, de ne pas avoir eu de père, mais la réalité est autre, j'ai un père, il n'a pas su faire, c'est tout. Avec celle de Léo, c'est la deuxième grande réparation.

Je dîne chez lui en tête à tête, il me regarde en fin de soirée et me demande :

— Qui êtes-vous ?

— Je suis ta fille, Belen.

— Mais pourquoi on ne nous a jamais présentés ?

— Oh mais si ! On se connaît depuis longtemps !

— C'est drôle, vous portez le nom de mon autre fille, Belen, et vous ressemblez à Léonor. Et d'ailleurs c'est bien dommage que nous ne nous rencontrions que maintenant, je vous trouve très sympathique !

Je sors de chez lui le cœur douloureux, je comprends que l'on appelle Alzheimer le deuil blanc, je fais mon deuil alors qu'il est toujours vivant.

En longeant les quais de Seine pour rentrer chez moi, je réalise que finalement c'est comme une reconnaissance, papa a vécu une sorte de *reset*, et en me rencontrant comme ça, pour la première fois, il m'aime bien. C'est déjà ça. Je n'aurai jamais de vraie discussion avec lui, c'est trop tard, et les discussions que nous avons eues ensemble se sont toujours finies par des disputes, des brouilles. *Nous nous parlerons plus tard, quand je serai dans la même dimension que toi, papa, après la mort.*

EMDR

La thérapeute qui m'a sauvée avec l'EMDR propose des formations, je m'inscris.

Mon cabinet marche, je fusionne de plus en plus mes trois pratiques, l'EMDR avec les mouvements oculaires et le *tapping* est plus physique, j'adore ça, mon corps est aussi mon outil, l'énergie circule mieux, ça débloque des problématiques dingues. Un jour, un monsieur d'un certain âge vient accompagné de sa fille, il ne parle pas français, elle traduit pour lui, il n'a pas roté depuis trois ans, et comme il a un pacemaker, ça l'inquiète. Il me dit que la poche d'air appuie sur son cœur et que ça le fait souffrir. Je m'assieds en face de lui, je lui demande de me raconter son enfance, il est un peu hésitant. Il commence, sa fille derrière moi traduit au fur et à mesure, et en même temps je commence le rythme « gauche-droite-gauche-droite » comme un tambour sur ses genoux, sa peau est burinée, ses mains sont larges et calleuses, il raconte la dureté de son enfance, il suit mon doigt, à droite et à gauche, à droite et à gauche... Il a du mal à se raconter, je pose des questions, sa mère... son père... je reprends le *tapping* sur ses genoux... son grand-père... sa grand-mère... les yeux à droite... à gauche... et tout à coup le premier rot... je continue... je ne le lâche pas... pendant l'heure qui suit, il se vide de centaines de rots minéraux, aucune odeur, de l'air... de l'air... Je crois que c'est une de mes plus jolies séances. Il reviendra encore une fois pour achever de dégonfler l'air comprimé dans son corps. Dureté et tendresse infinies...

Mon travail me passionne, je me rends compte à quel point ma vie est très ordinaire, je travaille, élève mon fils, prépare les repas, et je vis en même temps l'extraordinaire.

Maintenant que j'ai pu accueillir ces parties de moi « bizarres », les robinets s'ouvrent. J'ai beaucoup d'informations lorsqu'un consultant arrive, les quelques secondes avant qu'il ne sonne, ou lorsqu'il est devant moi, ça va plus vite, nous pouvons prendre des raccourcis, c'est mieux pour une thérapie brève.

Lignée espagnole

Christèle me dit qu'elle voit une lignée espagnole, des juges sombres, mes ancêtres, ils sont chez moi, ils me veulent.

Au milieu de la nuit, elle a vu un bel homme brun avec une barbe, une capuche, une cape et pas l'air commode au pied de son lit. D'un ton autoritaire, il lui dit :

— Il faut nous la laisser !

Christèle, contrairement à ce qu'elle aurait pu penser, n'a pas peur. Son mari n'est pas dans la chambre et cet homme menaçant est debout à deux mètres d'elle.

— Non, c'est un être de lumière, elle est venue faire éclairer votre lignée d'ombre ! dit Christèle, inspirée par je-ne-sais-quoi.

L'homme encapuchonné essaye de lui attraper le pied, de lui faire peur et de la tirer vers lui, mais Christèle résiste, reste très calme et se dit : *Il faut que j'aie confiance en moi.*

Guidée, elle déprogramme une sorte de virus qui se transmettait de génération en génération dans ma lignée ibérique, des sortes de schémas répétitifs dont l'origine vient principalement des secrets de famille. J'ai eu souvent dans ma vie ce ressenti que certains de mes actes, de mes émotions, de mes colères ne m'appartenaient pas. C'est un sentiment désagréable et confortable, d'un côté l'écho de la continuité me maintenait en « zone de confort », et d'un autre côté ma petite voix intérieure me soufflait que ce n'était pas à moi.

J'en suis maintenant libérée ainsi que mon fils et mes nièces. Certains ancêtres de cette lignée se nourrissaient de mes peurs, de mes tristesses et de mes colères.

Avec Christèle, nous avons une connexion très particulière, d'abord nous nous sommes aimées immédiatement, ensuite dès que nous sommes ensemble, c'est un peu comme si nous avions chacune les pièces d'un puzzle, nous vivons expérience sur expérience, des messages, des libérations, quand elle a un message d'un défunt, je sais de qui elle parle et je transmets le message. Elle est incroyablement précise, son don est rare, mais trop intense. Elle apprendra par la suite à le maîtriser, à fermer la porte aux visions et aux visiteurs inopinés !!

Le deuil de Léo se fait en douceur, je sens à quel point elle est ailleurs, mais pas si loin, je la pleure de moins en moins, cela fait sept ans.

Sommeil du juste

Encore une nuit par petites touches, parsemée de rêves et de réveils.

C'est l'aube, j'aime ces heures avant le lever du soleil, même l'hiver, lorsqu'il reste bien caché derrière les nuages. Mes rêves sont très présents au réveil, il m'est arrivé une fois de me souvenir précisément de huit rêves au petit matin, souvent mes aventures oniriques sont si riches de détails et d'expériences que je me réveille épuisée, et devant moi, encore toute une journée... Pourtant je vis très bien, je travaille, je prends soin de mon fils, de mes amis, de mon quartier, je ne suis pas d'humeur sombre malgré mes nuits éclair, j'ai un très bon anticerne et une nature optimiste. Il y a une partie de moi qui essaye plein de potions magiques : ashwagandha, pavot de Californie, Gaba-nat, mélatonine, mélisse, valériane... Ça marche... quelques jours...

Et une autre partie de moi qui a abdiqué et qui finit par aimer ces heures où tout le monde dort du « sommeil du juste ». Le film *Jimmy P. (Psychothérapie d'un Indien des plaines)*[1] m'ouvre de nouvelles pistes sur ma vie nocturne souvent plus trépidante que celle que je vis pendant la journée. Même si j'envie parfois ceux qui s'abandonnent et dorment profondément alors que le sommeil ne fait que m'effleurer pour finalement me kidnapper et m'emmener vivre des aventures étranges...

J'ai fini par accepter, je dors, ou pas, peu importe. Je vis.

1. Un film d'Arnaud Desplechin.

Évolution parallèle

Un mois plus tard, je suis au Portugal avec Bérengère. Christèle m'appelle, elle est stupéfaite parce qu'à chaque fois que je lui envoie un message, elle en a reçu un pour moi. Elle me confie que si je ne lui avais rien écrit, elle ne m'aurait sans doute rien dit.

Elle me raconte :

— Léo est venue à 4 ou 5 heures du matin. J'ai cru que c'était un rêve, elle s'installe sur le canapé chez ma sœur et fume.

— Pourquoi tu fumes ?

Léo répond :

— C'est pour être reliée à la terre, ça me permet de venir plus facilement, d'être dans ta chambre. Je suis tellement heureuse, contente de la manière dont Belen avance !

Christèle :

— Léo évolue, avance, passe à des niveaux supérieurs, elle aide maintenant d'autres personnes. Léo me dit qu'il faut que tu écrives ton histoire. Tu as toujours de bons ressentis, écoute ton intuition. La ressens-tu, Belen ?

— Oui, je la sens toujours avec moi. Léo est très joyeuse, très gaie. On est tous reliés, quand Léo avance dans son évolution, ça me fait avancer et quand c'est moi, ça la fait avancer.

Oui, j'ai envie d'écrire depuis toujours, depuis cinq ans, j'écris tous les jours. Avant, je remplissais des tas de carnets de façon sporadique, mais là, ça devient un rituel quotidien. Mais bon, écrire... écrire... je sens qu'il faut surtout que je continue à remplir ma marmite, ça viendra...

Je comprends que lorsque certains de nos défunts nous guident, ils « montent en grade » en même temps que nous évoluons. Ils sont aussi en cheminement, en apprentissage. Avec chaque compréhension, mon travail de thérapeute s'enrichit, la mort me passionne, je travaille beaucoup les deuils, j'aime que les deux côtés puissent être enfin en paix.

La princesse au petit pois

Je suis en train de lire *Je pense trop* de Christel Petitcollin. Ce livre me fait un bien incroyable ! Mon quotidien est bombardé d'informations que je subis, mes capteurs démultipliés, hypersensibles et toujours en éveil. Mes canaux principaux sont l'ouïe, l'odorat, la kinesthésie et le visuel, le gustatif n'est pas en reste.

Donc tout ça en version super Jaimie. Avec en plus une pensée en arborescence, c'est-à-dire une pensée foisonnante. Conséquence de la multitude de connexions neuronales dans mon cerveau. Ma pensée se déploie dans plusieurs directions, parfois en même temps, chaque idée se divisant en sous-idées ou analogies. C'est ce qu'on pourrait appeler une pensée en réseau : chaque idée crée un ensemble d'autres idées, qui créent à leur tour d'autres idées, etc. Ça ressemble beaucoup aux *mind mappings*.

On m'a toujours dit, surtout en famille : « Ce que tu es nerveuse ! Susceptible ! Chiante ! » Ma famille était lourdement dysfonctionnelle, j'en souffrais, au fond n'étais-je pas tout simplement normale, dans ma normalité ?

Je suis trop sensible, envahie par l'extérieur, oui, en manque d'inhibiteurs d'informations, tout est plus fort, les bruits peuvent me faire mal, si dans un restaurant quelqu'un arrive très parfumé, ma nourriture est imbibée, je n'ai plus envie de manger, dans le métro, je sens les vibrations des gens, parfois même j'ai l'impression de capter leur histoire, leurs émotions. Je pressens ce qu'il va arriver, je préviens, on ne m'écoute pas. J'ai des rêves prémonitoires, je sens à distance les sentiments changer, je peux être submergée par une mauvaise nouvelle la veille de son annonce, et le plus difficile, c'est qu'il m'arrive souvent d'anticiper l'état d'âme de quelqu'un avant que lui-même ne le sente. Je subis le monde extérieur, je m'adapte, me suradapte, fais taire cette voix, l'étouffe. Je m'isole.

Mais je me rends compte à quel point ma petite voix intérieure, mon intuition, est confirmée à chaque fois, pourtant j'écoute plus les autres. Je leur confie mon pouvoir. Il va me falloir un long cheminement pour lui laisser la place.

Si je réfléchis, depuis un an, les messages de Léo et d'autres défunts familiaux que me transmet Christèle m'influencent.

Suis-je manipulée par mes défunts ?

Depuis que je connais Christèle, il m'est arrivé d'être manipulée plusieurs fois, par le père d'un type pour que je le « sauve », poursuivie dès l'aube pour que je transmette un message rapidement, en fait, certains défunts peuvent être lourds, insistants, et ont leurs idées fixes.

Le truc, c'est que quand c'est en positif, quand ça va dans notre sens, on trouve ça chouette, on appelle ça des messages, mais quand c'est contre nos désirs, notre volonté, on appelle ça de la manipulation.

Je me sens comment ? C'est la question que je dois me poser à chaque fois. Dans mon corps, mes tripes, qu'est-ce que je ressens ? Un malaise, un bien-être ? Le corps sait toujours.

C'est un peu comme si je prenais un chemin malgré moi pour quelque chose que je ne sais pas.

- Pour comprendre qui je suis ?

Plus intensément, depuis le début de l'été, c'est un peu comme si ma réalité s'adaptait à mes croyances, j'ai l'impression d'être dans une réalité virtuelle, si je lâche prise, pof, une porte s'ouvre ; si je prends de la hauteur, pof, une porte s'ouvre ; si je ne comprends pas une leçon, pof, elle m'est renvoyée sous une autre forme, etc.

Lâcher prise… Ce mot m'exaspère, je ne sais pas comment faire, mais au fond, je sais que c'est ma délivrance.

Me connaître, m'accepter et m'aimer comme je suis.

Adieu la forêt magique

La maison de Sologne est vendue, maman n'a plus les moyens de la garder. Le déménagement est imminent. J'essaye d'organiser un partage équitable avec Alvaro, la tension est palpable, nous sommes proches mais de loin, nous nous voyons si peu. Mon frère est photographe, grand reporter de guerre pour *Paris Match*. Il a été grièvement blessé deux fois, une balle de kalachnikov lui a traversé la cuisse en Libye, une trentaine d'éclats de métal se sont fourrés dans ses jambes en Syrie. Alvaro a du bol, on ne lui demande jamais rien. Il y a aussi le bon vieux schéma patriarcal, c'est l'aîné, on ne le dérange pas. Je l'aime, mon frère, il est très beau, il a beaucoup de charme et du goût, mais pas facile d'approche. À part quelques soirées autour d'une bouteille de vodka, des amis en commun, nous ne sommes pas très proches. J'aimerais sentir sa tendresse, sa protection. Il est loin. Je l'exaspère. Le déménagement est douloureux.

Nous commençons le deuil de la maison et de la forêt avec Santiago, je perds une partie de moi, l'enfance... Plus de racines.

Les sous-bois, les chênes, la rivière et les êtres qui les peuplent vont me manquer, et quelques années plus tard ma gorge se serre encore en en parlant.

Je garde la table de la cuisine en bois, elle est patinée de nos mains, de nos coudes, de nos repas partagés. Léo est tout autour de la table.

Mais je rebondis, toujours... *Avance ! Adapte-toi !*

Une partie de ma famille du côté de ma mère s'est installée, une dizaine d'années plus tôt, sur une très jolie petite île en Bretagne.

J'aime les endroits de nature forte et sauvage, une île au large. La petite île de Groix a de petites criques de rêve, du sable blanc, une eau turquoise transparente, des algues multicolores, des falaises, des landes et trois ports. Groix devient notre terre d'adoption, une île.

Succession d'héritages

Piaps, mon grand-père maternel, avait un joli patrimoine mais n'avait aucun don pour l'argent, la légende familiale est qu'il s'est fait ruiner par son agent de change qui n'a fait que des conneries, il ne laisse rien derrière lui.

Granny aurait dû être à l'abri grâce à la maison Chaumet, mais elle est de la branche déshéritée de la famille. Ils louent leur appartement de Paris pendant soixante ans.

Papy a très bien gagné sa vie, mais ne croyait pas à la retraite, il n'a ni cotisé ni déclaré le travail de Mamy Rose de toute leur vie. Ils ont loué leurs appartements pendant cinquante ans, et il n'a rien laissé à Mamy à sa mort.

Mamy a été très pauvre dans l'enfance et dans la vieillesse. N'ayant pas de retraite, elle était tributaire de ses enfants et petits-enfants, pour elle une profonde humiliation, elle a été dessinatrice et a travaillé jusqu'à ses 80 ans.

À l'époque, papa a une magnifique réussite, a gagné énormément d'argent, mais il n'a presque plus rien, pas de bien immobilier, il flambe en objets d'art, lui aussi a travaillé jusqu'à ses 80 ans.

Maman a travaillé toute sa vie, mais n'a jamais pu faire d'économies, finalement elle ne s'en sort pas trop mal, elle a un mini pécule de côté grâce à Boris et à la vente de la maison de Sologne.

Le paysage financier n'est pas flamboyant. Aucun talent pour l'argent dans la famille.

Donc : on travaille tous, on gagne de l'argent, mais on ne garde rien, on ne construit pas. Pas de sécurité, pas de toit. Mais nous avons des goûts de luxe, on se sent riches. Moi, j'ai eu, perdu, eu, perdu... J'ai eu de vrais moments de galère, de vrais moments d'abondance, je me suis toujours débrouillée, avec une énorme difficulté à être au clair sur mes comptes. Je n'ai jamais été attirée par les vêtements chers, les sacs de marque, tout ce qui est ostentatoire... J'aime ce qui est simple mais de bonne confection, je dépense mon argent au marché bio, dans les livres, pour un quotidien dans lequel je ne veux pas compter et pour les vacances.

Déjà depuis deux ans, je fais mes comptes, j'ai mis une application de ma banque sur mon portable, j'ai réussi à mettre de l'argent de côté tous les mois, ça roule... Il reste pourtant des zones d'ombre, je suis à mi-chemin.

Être une femme

Grâce à mon amie Cécile Faulhaber, réalisatrice du film documentaire *L'Autre Connexion*[1], je vais faire une loge de la Lune[2].

Je ne peux dévoiler ce qu'il s'y passe, seulement vous partager certaines choses que j'ai apprises et comprises. Les Lunes sont un autre mot plus joli pour les menstruations, ou les règles de la femme. Nous sommes une vingtaine de femmes réunies pendant trois jours dans un joli gîte dans la vallée d'une montagne de la Drôme.

Je sens le plan un peu trop baba cool pour moi. Mais je partage ma chambre avec une fille plus jeune, très sympa, elle me plaît d'emblée, la connexion est immédiate, et comme par hasard, elle a aussi perdu sa grande sœur. Quand je découvre les visages de celles avec qui on va passer les prochains jours, j'ai toujours des appréhensions. Les premières heures, il arrive aussi que je ressente de grandes antipathies. Souvent à la fin du stage, ce sont les personnes avec qui je vis un très beau moment, les masques tombent, l'autre côté du miroir.

Nous rencontrons celle qui va passer trois jours à nous faire vivre des initiations et à nous transmettre ses enseignements.

« Grand-mère » est d'origine amérindienne, elle est québécoise. Elle est imposante physiquement, son corps est à la fois rond et puissant, elle porte ses cheveux gris très longs,

---

1. Elle a importé de Colombie-Britannique la philosophie d'éducation des peuples premiers, les Eight Shields, « Connexion à soi, connexion aux autres, connexion à la nature ».

2. Un vibrant hommage au principe féminin. Rite initiatique issu des enseignements du *moon lodge* des vieilles traditions amérindiennes.

et quand elle vous prend dans ses bras après une session un peu secouante, waouhhhhh, on ne peut plus en sortir !

Elle nous a beaucoup donné pendant ces trois jours, oui, c'est ultra babos, mais je m'en fous, ce que j'apprends est fondamental.

J'observe, lors des cercles de parole, que je parle très succinctement de mon histoire, je crains de barber l'assemblée. Je parle de façon factuelle, froidement et, hop, je passe le bâton de parole à ma voisine.

Grand-mère me chope. « Vas-y, recommence, prends ta place ! »

C'est difficile, les vingt paires d'yeux sont braquées sur moi, OK, je recommence, mais je suis incapable de pleurer. J'en vois certaines qui peuvent, le bâton de parole en main, parler pendant vingt minutes, même si c'est pénible, avec des répétitions, des blancs, des pleurs, des regards hagards. Leur propre espace prend tout l'espace, sans gêne, sans conscience de l'autre. Et ça me rend folle, car j'en suis incapable, incapable de ne pas être à la fois en moi et autour de moi, attentive à chacune. En fait, j'envie leur aisance à être complètement en elles sans penser aux autres.

Quelques pépites glanées pendant la loge :

– Rétablir l'équilibre entre donner et recevoir.

Sinon nous ne sommes pas au service de la vie, et pour ne pas nous sentir trop mal, on se coupe de nos émotions.

– Nous n'avons pas appris l'amour, mais le marchandage de l'amour...

(Au fond ici-bas, nous pensons aimer, mais il serait bon de réfléchir à comment nous rapprocher le plus de l'amour.)

L'idée du marchandage me parle, c'est juste…

– Maintenant, on doit se servir d'abord.

Une femme est une fontaine, elle doit se remplir d'abord avant de donner.

(Cette idée de fontaine qui se remplit avant de donner me touche beaucoup, je sais à quel point j'ai encore à apprendre…)

– S'occuper de quelqu'un qui peut le faire lui-même, c'est de l'ingérence.

Car c'est pour être aimée tout en se montrant supérieure.

– Nos ovules (nous en gardons 75 % à la ménopause) servent à créer un enfant ou une idée. C'est le pouvoir créateur féminin.

– Soit on est au service de son propre rêve, soit on est au service du rêve de quelqu'un d'autre.

– Ma seule responsabilité est de répondre à ce qui vibre en moi.

Et pour finir, j'ai adoré quand elle parle du chaos hormonal que traversent les femmes toute leur vie :

— **La petite fille** qui meurt pour laisser la place à **la jeune femme séduisante** qui meurt pour laisser la place à **l'épouse** qui meurt pour laisser la place à **la femme gestante** qui meurt pour laisser la place à **la mère** qui meurt pour laisser la place à **la grand-mère**.

Le dernier jour du stage, je vais à la rencontre de la grand-mère que je vais être. Dans la forêt, adossée à un chêne qui voulait bien m'accueillir, je rentre lentement en transe. Je vois clairement ma maison, sa façade, je rentre à l'intérieur, je suis dans le salon, je sais que c'est moi-elle qui s'occupe du feu dans la cheminée, c'est son rôle, personne d'autre ne le fait à sa place. Grand-mère, j'ai à peu près la même corpulence, en plus fragile physiquement et beaucoup plus puissante psychiquement. Je le sens. Je porte une longue natte, mes cheveux sont blancs, un joli blanc. Le canapé bleu indigo est ferme et confortable, nous nous asseyons.

Je comprends qu'elle n'est pas seule, elle est même très entourée.

Tout est très lumineux et chaleureux.

Elle me dit :

— Le chemin ne va pas être facile. Tu vas devoir rectifier petit à petit beaucoup de conditionnements ancestraux.

On va te rejeter, te jalouser et se moquer de toi.

Tu vas t'accrocher, tenir le cap, SIMPLE... SIMPLE, comme en bateau, garder le cap.

Te ramener à ton centre.

Tu vas voir, ta place va être bientôt évidente. C'est ton rêve, ne l'oublie pas.

Tu es venue pour ça, maintenant.

(La femme que je vois est calme, posée, forte, aimante et puissante.)

Tu vois, tu l'as toujours su, tu ne t'es pas trompée.

Puis elle me sourit et me dit :

— Recentre-toi là (elle me prend la main et la pose en bas de mon ventre, là où derrière il y a mon utérus).

Recentre-toi... Recentre-toi là où est ta vision.

J'ai passé un très joli moment avec ma grand-mère-moi.

Je comprends mieux alors comment on devient une femme. C'est un rite de passage. Ces rites sont fondamentaux, et malheureusement dans nos cultures il n'y en a plus. Durant les rites de passage à l'âge adulte dans les Eight Shields, ils envoient quelques jours des adolescents dans la forêt. En se confrontant à la nature, ils découvrent leur nature. C'est face aux éléments qu'ils réalisent vraiment s'ils sont courageux, résistants, audacieux ou, au contraire, froussards, suiveurs ou lâches.

En rentrant de cette loge de la Lune, je suis transformée, comme si j'habitais un peu plus mon corps. Qu'est-ce qu'une femme ? Je ne m'étais jamais vraiment posé la question. Plus j'avance dans la vie, plus ma conscience s'élargit. Je sens ce déséquilibre entre donner et recevoir, il m'est vraiment difficile de recevoir, chantier en cours...

J'ai aussi, pendant ces trois jours, rencontré une des participantes, Maïla, un physique et un look un peu sorcière, elle est comptable, nous nous sommes très bien entendues, elle va m'aider.

Soupe d'orties

Depuis jeudi dernier, je me prépare à partir, je ne sens pas du tout Paris, je veux filer vers la campagne, des amis nous prêtent leur maison en Sologne. Ce virus se propage, Santiago me dit :

— S'ils ferment les écoles, il faudra vite partir.

Finalement, Santiago est réfractaire à notre départ, son père me prend pour une dingue, je fais des courses : du riz, des condiments, des bouquins, des médocs, de l'essence... La louve... mon réflexe de survie, mon instinct protecteur prend toute la place.

Je prépare mon sac, mets la pression sur Santiago pour qu'il fasse le sien.

Samedi soir alors que nous sommes dans ce restaurant japonais de ramens rue de l'Exposition, Cyril nous appelle pour nous dire qu'ils ferment les restaurants à partir de minuit, je sens mal ce qui est en train de se passer... Santiago boit mon deuxième verre de saké, on fonce à la maison, on descend nos sacs, et on prend la route. Arrivés à la campagne, on sort de la voiture, on regarde le ciel, les milliers d'étoiles, c'est magique.

Le lendemain matin, réveil fourbu, on a porté des tonnes de sacs, mais le soleil brille.

On fait un tour au *Super U*, quelques courses, encore un jerrican de vingt litres d'essence, puis on déjeune au bord de la piscine en plein soleil. Le rêve !

Mais toujours des *news* épouvantables de la pandémie. Quelque chose d'anxiogène tout de même. Et je me rends compte qu'il n'y a ni chauffage ni eau chaude, et mi-mars au milieu des bois, il fait froid.

Puis plus de wifi, donc plus de téléphone et une invasion de punaises dans les chambres du haut.

La galère commence, moi tendue comme une arbalète.

Début de confinement.

Il y a un chêne majestueux à la lisière de la forêt, il a neuf troncs, des broussailles le rendent inaccessible, ce sera ma mission, je vais nettoyer tout autour, je ne l'ai jamais fait. *Allez, on y va !* Pendant ces trente jours à l'aide de mes mains, de cisailles, je remplis six remorques de bois mort, de ronces, de feuilles séchées, le contour du chêne s'éclaircit, l'énergie stagnante circule à nouveau. Il y a un hamac au centre des neuf troncs, c'est mon refuge, je suis dans les bras de mon arbre. Je lui parle, le caresse, l'embrasse, l'aime.

Et passe des heures pliée en deux à gratter la terre avec un amour inédit.

J'arrache ensuite les orties, ça me fait du bien, tirer doucement sur la tige pour retirer les racines qui glissent de la terre. J'aime ce travail, utiliser mes mains pour refaire entrer la lumière.

Ce chêne est mon roi.

Santiago s'enferme dans son travail scolaire, sa façon de supporter ce qu'il se passe. On fait de longues promenades ensemble, notre complicité est salvatrice.

Dragons d'argent

Au bout d'un mois, nous rentrons à Paris en Ganeshmobile. Difficile d'atterrir.

C'est fou comme j'ai du mal à reconnaître mon appartement.

Paris est un long dimanche d'août.

J'ai fait cinq séances en deux jours, quelques courses, commandé des sushis, des plats thaïlandais, vietnamiens, heureuse de ne plus cuisiner.

Je vais avoir besoin d'un peu de temps.

Maïla, la comptable rencontrée à la loge de la Lune, m'a envoyé un message, on se fixe un rendez-vous téléphonique. Voici le deuxième volet de mon confinement.

Dépasser cette peur, la peur de déclarer, ma paralysie face à la loi, ma procrastination éternelle face à l'administration.

Ma peur qui n'est pas que mienne. Loyauté familiale ?

Transgénérationnel sûrement.

Oui, j'ai peur, mais ça va me délivrer aussi.

Nettoyage à tous les étages...

Je vais pouvoir accueillir l'abondance !

Je commence mon travail sur mon agenda, début de comptabilité.

Mon ventre gonfle, gonfle, j'ai mal pendant au moins trois heures. Je sais que je vais passer une épreuve et activer la guérison de plusieurs lignées.

Ce serait bien que j'arrive à travailler dessus en conscience peut-être, que je ritualise ce passage, que je soigne en même temps.

Je regarde mes dragons droit dans les yeux, les leurs sont jaunes striés de noir, je traite tous mes papiers, je régularise les retards, je structure, je mets tout en lumière, mon ventre gonfle encore et me torture, mais je ne lâche pas.

Au bout de deux jours, c'est fait, je m'engage auprès de moi-même à m'y tenir.

Et je m'y tiens.

Il fallait juste traverser !

Mon ventre est dégonflé, je n'ai plus mal, je n'ai plus peur, le corps et l'esprit sont liés, ils ont affronté ensemble. Les nœuds sont enfin déliés, je suis au carré. Je ne ferai plus l'autruche, l'administratif n'est pas un dragon, ce sont juste des chiffres et quelques règles à suivre.

Je reprends mes séances, des consultants très abîmés affluent, cette pandémie est un désastre psychique pour certains, une grande récré pour d'autres et une longue épreuve pour les soignants de toutes catégories !

Bla-bla-bla

Un très bel homme que je connais depuis des années m'envoie un message, il aimerait me voir, nous déjeunons ensemble une fois par an, nous nous connaissons sans nous connaître vraiment. Lors de nos échanges avant notre *date*, quelque chose bascule, étonnamment, je suis troublée. Nous dînons dans un bistrot, je n'ai jamais été particulièrement attirée par les beaux mecs, mais je dois dire que son physique me fascine, il est attentionné, et très, très bavard. Les jours suivants, il me fait une jolie cour, c'est agréable. Je croise un ami médium, il a un flash et me dit :

— C'est lui ! Lui que tu attends depuis toujours !

La tentation est délicieuse, les feux sont au vert, j'ouvre grand mes bras, la relation commence. Il est très serviable, très disponible, charmant, mais il est bavard, très, très, très bavard... En fait, je ne peux plus l'arrêter ! J'effectue des recherches, il est probablement TDAH, nos rendez-vous prennent l'allure d'une séance de thérapie sans fin, j'essaye de l'aider, je suis partagée, je rappelle le médium, il me répète :

— C'est lui ! Accroche-toi !

Confiante, je m'accroche, il a de bons côtés, il est adorable, aux petits soins... C'est l'été, je l'invite dans la maison que je loue sur l'île bretonne de Groix, c'est agréable d'être à son bras, nous formons un joli couple.

Il commence doucement à péter les plombs, par petites touches au début, il m'accuse de mille travers, me réveille au milieu de la nuit pour me prendre la tête sur une phrase que j'ai dite, un geste, je ne comprends rien, mais là dans mon lit j'ai Dr Jekyll et Mister Hyde.

En le ramenant au bateau direction le continent, je négocie avec lui une « pause » de la relation jusqu'à la fin de l'été. Il faut que je m'en dépatouille.

Je réfléchis... Sa diarrhée verbale... sa violence... sa parano... ce n'est pas possible. Que m'a dit ce médium ? Je l'appelle, nous nous branchons sur lui... Tout à coup, il me donne un prénom, c'est celui du père du beau gosse, puis un autre prénom, celui de sa mère, ils sont tous les deux morts depuis longtemps. Le médium me dit que ses deux parents insistent pour que je sois avec leur fils, nous comprenons alors qu'ils ont cherché à m'influencer à travers lui afin que je le sauve.

Au secours !!!

Donc j'ai été influencée par deux parents défunts afin de sauver leur enfant. Cet homme est dans une mélasse psychique, il a besoin d'un thérapeute, d'un psy, d'une sauveuse. Et c'est moi qui, sur sa route, pourrais l'aider.

Ils sont passés par le médium, qui a aussi été influencé.

Je découvre alors à quel point il faut être vigilant avec ce monde-là, que lorsqu'une entité, un défunt se pointe, il faut d'abord essayer de vérifier en demandant des précisions, qui il/elle est ? C'est un monde subtil et invisible... N'importe quel esprit peut souffler aux oreilles des médiums... monde dangereux.

Je mets un terme à la relation fin août, sa réaction me donne la chair de poule. Il passe par Facebook, Instagram, SMS, mails pour me laisser des messages incompréhensibles et extrêmement désagréables. Je reste calme, essaye de le raisonner. Mais je finis par être obligée de le bloquer sur mon téléphone et sur tous les réseaux où nous sommes connectés. Il me fait presque peur, je le menace alors d'aller déposer une main courante au commissariat... Cet homme si charmant et attentionné des premiers jours s'est sacrément transformé !

Je me demande comment je peux être aveuglée, j'ai une très bonne intuition, mais concernant les hommes, une machine se met en route et je tombe dans le panneau. Mon envie d'y croire ? D'où vient ce manque de discernement ? Je ne m'écoute pas assez, je donne mon pouvoir, je me laisse influencer.

Aimant à dingos

Mais ce n'est pas tout, quelques mois plus tard, je rencontre un Indien aux yeux bleus, il est fils de brahmane et plus âgé que moi d'une quinzaine d'années. Docteur en mathématiques, physique et physique quantique, il enseigne à l'École polytechnique. Sa femme est morte six mois plus tôt, il est au bord du suicide, mon âme de sauveuse est encore touchée. Nous commençons à nous voir, je n'ai pas d'idée derrière la tête, c'est amical, il me fait découvrir des approches en mathématiques passionnantes, il a l'air fasciné par mon intelligence, je suis, je l'avoue, très flattée. Un soir, je l'invite à dîner à la maison, il joue un petit instant aux échecs avec Santiago, lui explique quelques « ouvertures », cet homme est follement intéressant et physiquement on pourrait dire : pas « grotesque ». À la fin du dîner, il transpire à grosses gouttes, je vois qu'il se sent mal, il demande à s'allonger par terre. Je lui apporte une serviette mouillée, lui éponge le front, ouvre la fenêtre. Notre professeur de Polytechnique est en train de mourir dans mon salon, il a un choc anaphylactique. Il me demande d'appeler un taxi, il part, titubant.

J'ai moins de nouvelles, il met du temps à se remettre, je lui apporte un jour chez lui quelques soupes, il entrebâille la porte de son appartement, ne veut pas me faire entrer. Et puis il y a toutes ces réunions... Il est très occupé, et la préparation de ses cours que les élèves attendent avec impatience, c'est une star là-bas, il fait partie du jury. Il veut que je vienne assister à l'un de ses cours un jour, ce serait amusant et surtout intéressant.

Nos discussions reprennent de plus belle, j'adore écouter ses histoires de mathématiques, comprendre un peu de physique quantique, il est accessible et, cerise sur le gâteau, je me sens de plus en plus intelligente...

Un soir, nous dînons ensemble au restaurant, il me déclare sa flamme, je suis sous le charme ; à la fin du dîner, il veut commander un champagne hors de prix, je lui dis que ce n'est pas la peine. Il me caresse le bras et, à la lueur des bougies, me demande ma main ?!? Ma main ?? Mais... Il vient de perdre sa femme ! Oui, mais justement, il faut que nous nous mariions très vite, en secret, ce que nous vivons est tellement précieux, exceptionnel, personne ne peut comprendre, je lui ai redonné goût à la vie ! Sa femme nous donne sa bénédiction, il en est sûr ! Il a dépassé la ligne rouge. *Warning!!!*

C'est quoi ça ? Je doute... je doute... et ne dors pas de la nuit.

Je reprends : Indien aux yeux bleus, fraîchement veuf, fils de brahmane, docteur en mathématiques et physique quantique, professeur et membre du jury à Polytechnique, impatient de m'épouser alors que nous n'avons jamais passé une nuit ensemble...

Je lui demande un peu de temps, nous nous parlerons demain, il a l'air très déçu.

Je vois ma Christèle le lendemain, je lui demande :

— Ma *sista*, peux-tu te brancher sur le prof indien ?

Christèle se branche... Elle marmonne :

— Mensonge... mensonge... mensonge... danger... danger... mensonge... !

Elle rouvre les yeux et me dit :

— Ma Belen, j'ai des frissons, vérifie, cet homme est dans le mensonge, mais beaucoup, beaucoup de mensonges, comme si sa vie entière n'est que mensonge et si jamais tu le découvres, il peut être dangereux.

Alors j'appelle l'École polytechnique, je demande à la secrétaire si un certain R. V. est bien professeur chez eux, elle me répond non du tac au tac. Choc. J'insiste, lui demande de vérifier sur ses listes, elle me fait patienter, j'ai le vertige...

— Non, il n'y a pas de R. V. à l'école.

— Et dans le jury ?

Elle me fait patienter...

— Non plus.

— Et dans l'école ?

— Non, non, écoutez madame, je travaille ici depuis dix ans, je connais tous les professeurs, intervenants et autres, je n'ai jamais entendu parler de cet homme.

— Merci.

Je m'effondre.

Depuis des mois, cet homme me ment.

Il n'est peut-être même pas veuf.

Mais il m'a donné tellement de détails sur sa femme, son travail, ses collègues, ses élèves, son enfance... Comment me suis-je laissé berner à ce point ? Je n'imagine jamais que l'on me mente, je fais confiance et je ne sais pas mentir. J'effectue quelques recherches sur Google, j'aurais dû le faire avant... Je ne trouve presque rien... Il est peut-être comptable ? En tout cas, c'est un mythomane... J'ai cette sensation de m'être fait escroquer, je me sens salie, idiote. Il est venu chez moi, j'ai honte. Sans explication, je lui envoie un message en lui demandant de ne plus jamais me contacter, j'ai la nausée, encore une fois, si jamais il tente quoi que ce soit, je file au commissariat.

Je me sens comme un aimant à dingos.

Son intelligence m'a flattée, il m'a renvoyé une image de moi dont j'avais besoin, je ne m'aime pas encore assez. Si je travaille cette insécurité-là, je ne tomberai plus dans le panneau.

Je débusque de plus en plus vite le loup caché dans le bosquet. Je m'aveugle et me trompe encore parfois, mais de moins en moins. Seize ans que je l'attends, c'est long, et je continue à y croire.

Souvent, on me demande :

— Toi qui es belle et intelligente, comment se fait-il que tu sois encore seule ?

C'est très désagréable.

Comme si j'avais un truc bien pourri caché en moi, un secret honteux et que... c'était ma faute.

Bien sûr, j'ai été abandonnée par mon père, trahie par des hommes, mais pas tous. J'ai cherché, nettoyé, pardonné, réparé.

Je sens que ce n'est pas encore mon heure, je dois continuer à travailler ma patience. Même si parfois je mets des coups de pied dans les portes, je suis en colère, j'insulte les esprits, je désespère, je le sais au plus profond de moi :

— Continue à y croire. Patience...

Danse avec la plante

À cette époque, je fréquente un nouveau groupe d'amis, je me bouge pour sortir de ma solitude, et j'ai toujours aimé explorer. Ils sont tous très yoga, j'ai pratiqué quelques années le yoga Iyengar que j'adore, mais là on passe des week-ends tous ensemble, on pratique dans une grande maison dont l'un d'eux est le propriétaire. Lors de ces week-ends, je rencontre un photographe reporter qui me raconte ses cérémonies d'ayahuasca, j'ai envie d'essayer, ça fait longtemps, mais je veux le faire dans de bonnes conditions. La plante... La fameuse plante...

Nous partons un samedi de printemps, après une diète d'une semaine, pas d'alcool, pas de drogue, pas de médicaments, pas de cigarettes, pas de viande de porc, ni de bœuf, pas trop de sel, pas d'épices, pas de chocolat et pas de sexe. *Easy*. Nous arrivons dans une maison à côté de Paris, il y a une trentaine de personnes, ce copain me présente à la chamane brésilienne, une Indienne d'Amazonie, il y a des musiciens, de belles femmes, des enfants. Nous nous habillons tous en blanc pour la cérémonie et préparons la pièce. Au centre, un autel de fleurs où l'on dépose nos objets sacrés. Dans la cuisine, ça s'active, nous sommes tous à jeun depuis vingt-quatre heures, ils préparent des plats pour le lendemain matin, l'après-cérémonie. Je dois réfléchir à l'intention que je vais mettre dans cette séance. Pourquoi je suis venue ? Qu'est-ce que je viens chercher ?

Nous attendons minuit, l'excitation monte.

Les premières instructions sont données pour les néophytes, nous ne sommes que deux. Déjà, nous devons rester assis sur les chaises disposées en rond autour de l'autel central. Une bassine en plastique est installée au-dessous de chaque chaise. Chacun doit vivre son expérience sans interagir avec les autres, sauf certains habitués désignés comme accompagnants. On nous distribue des carnets de chants, en langue brésilienne. Un jeune homme s'assied à côté de moi, il est adorable, il s'appelle Léo. Une fois la plante activée dans mon corps, dès que je ferme les yeux, je plonge dans des dessins animés aux couleurs métallisées, c'est très visuel, je traverse mes plus grandes peurs, je me purge, chante, danse.

Un mois plus tard, je fais une nouvelle cérémonie mais cette fois-ci avec des représentants de la tribu amazonienne Huni Kuin, nous sommes au moins cinquante participants, ils sont dix Indiens à diriger la séance, dont un maître de cérémonie, le Pajé. Je vois ces coiffes de plumes multicolores que j'ai tant aimées sur leurs têtes, comme si la boucle était bouclée. La cérémonie est moins intime, mais encore plus puissante, dans mes visions, le serpent, le jaguar, la plante, la jungle, le corps humain, l'Univers. Toujours assise, je ne peux pas retenir mes jambes qui tremblent, puis convulsent très violemment, mon voisin me couvre de son poncho, mes visions sont très claires, « Accepte un homme dans ta vie ». OK… Je sens que je vais vite vouloir recommencer, nous sommes une petite bande, nos discussions sont profondes, on fait de la musique, on chante ensemble, on rit, je n'ai plus envie de voir personne d'autre qu'eux. Pourtant je ne suis pas une suiveuse. Je n'ai jamais aimé les bandes, les groupes.

J'analyse avec ma psy les visions que j'ai eues, et je conclus que je ne recommencerai pas, les codes, les symboles, je n'en tire pas grand-chose, je ne les comprends pas. Je suis ravie de ces expériences mais je fais attention, je replonge mes racines dans la terre de mes ancêtres.

J'ai rencontré, pendant ces sessions, Alexis, un architecte végétal, il me propose d'aller voir un film réalisé par une de ses connaissances. La projection de *Ces liens invisibles* a lieu à Montparnasse. Le film raconte comment les liens transgénérationnels, les mémoires de nos ancêtres peuvent influer sur nos vies présentes. Le film suit le parcours de trois personnes confrontées à des problèmes qui partent à la recherche du passé caché de leur famille. Comment reprendre leur place au sein d'une famille pour retrouver leur place dans la société. Ne plus subir sa vie.

Coup de cœur pour Marine Billet, la réalisatrice, nous sommes depuis devenues très proches. Marine est particulière, elle a un grand cœur, j'admire sa façon de se faire passer en priorité, elle est très bosseuse, c'est une hyperactive, la tête bien sur les épaules.

Indépendance, harmonie, expression

Je continue à retirer les couches et les couches qui m'empêchent de sortir de certains schémas répétitifs, de m'épanouir, je panse mes blessures, je m'apprends.

Marine B. s'est formée à l'ennéagramme et à la numérologie. Elle est très douée et extrêmement consciencieuse.

Nous commençons par la numérologie. Elle a construit sa propre façon de faire à partir de plusieurs courants. Ce n'est pas pour faire de la prédiction, mais plutôt pour comprendre nos propres besoins fondamentaux que nous devons nourrir pour nous sentir en équilibre.

Ce que j'apprends de mes numéros fondamentaux, le 1, le 6, le 3 :

1 -> le Yang, l'autonomie, la capacité d'agir, de montrer le chemin, d'aller de l'avant, la possibilité d'être leader et/ou de travailler seule.

6 -> le Soin, prendre soin des autres (après m'avoir vue, les gens se sentent mieux) ou d'une ambiance, besoin de créer ou de vivre en harmonie, le 6 est axé sur l'amour mais est aussi très susceptible.

3 -> l'expression, la communication, par la voix, le corps, le théâtre, le sport, faire des conférences, écrire un livre, doué pour l'expression, l'humour, plaire, la joie.

En résumé, j'ai des talents pour prendre soin et montrer le chemin, et ces talents sont prévus pour servir mon expression et ma communication.

Comment les associer ?

Ça me parle, j'ai toujours été solitaire, mon propre boss ou free-lance, j'ai toujours pris soin des autres, depuis l'enfance, c'est maintenant mon métier, l'harmonie est pour moi indispensable là où j'habite, là où je vais, j'ai besoin de beau aussi. J'aime transmettre, guider, et à plus grande échelle ça ne me fait pas peur.

Je veille à partir de maintenant à ce que ces trois besoins soient correctement nourris, ça m'amuse parce que je ne peux pas passer plus de deux jours dans une maison pleine d'amis. J'étouffe, et aller me planquer dans ma chambre ou partir plusieurs heures toute seule est souvent mal vu. Quand je suis dans une maison laide et sale, ça m'est profondément désagréable, non pas que j'aie besoin de luxe, l'harmonie dans la simplicité est ce que je préfère, c'est ça, mon luxe.

L'Altruiste et la Séductrice

Il existe neuf types de personnalité dans l'ennéagramme :

1 – le Perfectionniste ;

2 – l'Altruiste ;

3 – le Battant ;

4 – le Romantique ;

5 – l'Observateur ;

6 – le Loyal ;

7 – l'Épicurien ;

8 – le Protecteur ;

9 – le Médiateur.

Ennéagramme 2, avec une flèche en 4 et en 8.

L'Altruiste.

Il veut tout le temps rendre service, il a des antennes pour capter ce dont l'autre a besoin, il se rend indispensable.

Il est généralement apprécié car il se montre chaleureux.

La problématique du 2 :

Il fait passer les besoins des autres avant les siens, au point de ne plus savoir ce qu'il ressent.

Cela vient de mon enfance, je n'ai pas senti que j'étais aimée pour ce que j'étais. J'ai donc choisi de gagner l'amour en étant indispensable et en donnant tout aux autres, alors j'ai l'impression d'exister. C'est la problématique du sauveur, ça le fait chier et en même temps il se sent exister.

L'Altruiste a un grand besoin de séduire parce qu'il pense qu'il ne peut pas être aimé pour ce qu'il est. Il récupère de « l'amour » qu'il ne sait pas non plus se donner.

Pourquoi séduire ?

Je le sais, j'aime séduire, au sens large.

Pendant un mois, je tire chaque jour une carte du jeu Féminitude de Monique Grande, la carte qui revient régulièrement : La Séductrice.

« Cette femme séductrice possède de longs tentacules pour vampiriser, aspirer et attirer les hommes et les séduire à tout prix. Elle "scotche" les autres sans se rendre compte que c'est elle qui se retrouvera emprisonnée à son tour. Elle souffre de la maladie du manque et pour être aimée absolument, elle pratique l'amour emprisonnant. En tissant les pièges de séduction, elle a oublié les vertus de l'amour libérateur : respecter l'espace de l'autre, lui donner le droit d'avoir ses besoins, des attentes, des limites, des désirs, des peurs, des faiblesses : accepter ses différences. Sous les tentacules de cette femme-pieuvre se cache une femme d'une tout autre beauté. Aucune tricherie, ni masque, ni fard, simplement une beauté intérieure qui émane de son être.

La carte de la Séductrice nous invite à opérer un changement radical : transformer cette énergie de Séductrice pour l'amener à devenir Séduisante. »

Le cheminement pour prendre conscience et pour s'approcher de son authenticité peut être long. Il faudra plusieurs étapes de compréhension, à plusieurs niveaux et, comme un oignon, retirer couche après couche. Je ne parle pas de vouloir se changer à tout prix, mais d'abandonner certains schémas douloureux. Sortir de la roue du hamster.

Pour sortir de ce schéma, je dois dorénavant me poser la question avant de faire quoi que ce soit :

J'ai vraiment envie de le faire ?

De quoi ai-je envie là ?

De quoi ai-je besoin ?

Ça me secoue.

Je comprends aussi que dans mon système, je vais me rendre indispensable, attentionnée, tournée vers l'autre, l'autre va recevoir, va être comme un coq en pâte, mais comme je reste opaque, puisque je ne me sens pas aimable, l'autre ne me connaîtra pas. Et je lui en veux à mort. Et ça me met en colère, et je le méprise de s'être gorgé à ma source… Quand on découvre un système, ça met une claque. Partir de l'altruiste, plutôt pas mal pour l'ego… à la séductrice. Et finalement regarder avec tendresse comment on s'est débrouillé pour recevoir de l'amour, quelle stratégie on a mis en place pour notre survie.

Comme les stratégies de protection qui, devenant adulte, sont comme une armure trop petite… on est serré dedans, il faut s'en libérer pour s'épanouir.

À partir de ce moment-là, je me sonde avant d'accepter une invitation, de rendre un service. Est-ce que j'en ai vraiment envie ? J'y vais pour que l'autre m'apprécie ? Je le fais par peur d'être seule ? Et comme me disait Michèle S., ma fameuse sage russe, posez-vous la question avant chaque chose : « Est-ce que ça me fait plaisir ? »

Elle disait que tout pouvait être fait avec plaisir.

Tout simplement.

Quand je regarde en arrière, plusieurs clés m'ont été données de nombreuses fois, je les ai balayées d'un revers de la main comme si c'était une grand-mère un peu neuneu qui me parlait, trop simple. Les clés les plus puissantes sont souvent simples, mais elles se comprennent à plusieurs niveaux. Quand je comprends au niveau cellulaire, mon corps est traversé par des frissons ; quand je comprends au niveau du cœur, il s'expanse ; quand ça reste au niveau du mental, ça reste froid, analytique.

Chaque nouvelle compréhension, chaque prise de conscience m'aide à me défaire de mes mécanismes inconscients. Je peux faire un pas en arrière, observer et commencer à changer les choses. Je ne lâche rien, j'ai envie d'être heureuse un jour, c'est notre graal à tous, et je sais que ce graal est à l'intérieur, et couche après couche je me défais de comportements nocifs, de fausses croyances, de schémas répétitifs.

Pour mon entourage, ce n'est pas flagrant, mais petit à petit, je tombe moins dans les pièges, j'apprends à dire non, et plus j'accepte de ne pas être aimée par tout le monde, plus je m'aime.

De près, hein ?

Hier, j'ai retrouvé Christèle, nous avons déjeuné chez l'*Ami Jean*. Sur le chemin du restaurant, rue Saint-Dominique, je sens de grandes vagues de chaleur dans mon corps, à ce moment-là, Christèle me dit qu'il y a la présence forte d'un homme, il a beaucoup, beaucoup d'amour pour moi, je lui demande si c'est Piaps, mon grand-père maternel, parce que j'y pense tout de suite, elle me dit non...

Elle lui demande de patienter jusqu'à ce que nous soyons assises.

Accueil chaleureux chez Stéphane, le chef et propriétaire de l'*Ami Jean*, l'homme revient, je ne sais pas qui c'est, je pense à nouveau à Piaps, Christèle me montre ce qu'il fait, elle le mime penché vers moi, très penché avec la main devant son visage, tout près, il dit :

— De près ! De près ! Elle comprendra !

Il ne veut pas dire son nom, il joue aux devinettes !

Il lui montre un homme dans la rue, il est de dos, il a un pardessus et un chapeau.

— Voilà, je ressemble à cet homme !!

— Je ne comprends pas pourquoi il a la main devant son visage, me dit-elle.

Le message que me transmet Christèle est que j'avais tout en moi dès le début. Qu'il est très heureux pour moi, que j'évolue si bien et que j'ai passé encore une étape, je peux enfin commencer à recevoir. Et je vais recevoir ! Il dit qu'il m'accompagne depuis toujours, il a beaucoup d'amour pour moi.

Je ne sais toujours pas qui il est. Nous profitons de notre délicieux déjeuner, nous passons toujours des moments très joyeux !

Puis nous montons à la maison, je veux faire un soin à Christèle, travailler sur ses peurs, sa capacité d'entendre et de voir les morts la perturbe énormément, elle est vraiment douée, mais c'est très éprouvant. Nous commençons avec du *tapping* sur les genoux...

Je commence :

— Remets-toi dans tes peurs, dans cette pièce, quand Léo est venue la première fois que tu es venue chez moi.

Au bout de quelques minutes de *tapping* sur ses genoux, je demande à Christèle si elle a toujours peur, elle me répond que non, ça va beaucoup mieux.

Je continue... Au bout de dix minutes de silence, elle me dit :

— Léo savait que j'avais peur, elle m'a accompagnée chez toi... Elle était tellement excitée de te voir... de pouvoir parler à sa sœur... (Christèle est très émue, elle respire plus bruyamment.)

Léo prend la parole :

— Tu es celle à travers qui je peux dire ces choses... Je me suis manifestée à toi, Christèle... Je me suis manifestée un bon nombre de fois... Il fallait que je le fasse même si ça allait me prendre beaucoup d'énergie... Il fallait que Belen sache que je suis là... Et toi aussi Christèle pour que tu prennes confiance en toi... Il ne faut pas avoir peur... Il faut avancer... en confiance... Tout ce qui se passe, c'est de l'amour... Ce n'est que de l'amour... Notre chemin, c'est l'amour... Tu n'as plus à avoir peur... Et c'est toi qui as décidé d'avoir ce don pendant cette vie...

Maintenant, il y a Monique (Granny) qui arrive :

— On vous donne des cadeaux et vous refusez !!

Christèle éclate de rire et continue :

— C'est joyeux... Alors prenez, prenez, prenez... Avancez, n'ayez pas peur ! Elles sont très heureuses pour toi, Belen... Elles disent qu'il faut que tu ne lâches rien... Tu ne lâches rien... Tu continues comme ça...

Je dis à Christèle de leur demander si elle peut leur parler, j'essaye de pousser Christèle à communiquer avec eux et pas seulement transmettre leurs messages, mais aussi leur poser des questions, et Christèle me répond :

— Elles disent que je peux leur poser toutes les questions que je veux !!!

Christèle rigole.

Je dis à Christèle :

— Mais tu te rends compte de la chance que t'as ? Et l'Euro Millions, elles peuvent nous donner les chiffres ?

On rigole comme si on était toutes les quatre dans la pièce.

Christèle dit que Granny est « morte » de rire !

Elle explique :

— Tu vois, Christèle, quand tu libères ta peur, quand tu la lâches, tu es plus détendue et alors tu vois tout, tu entends plus clairement... (Rires) Toi aussi, il faut que tu essayes de reprendre ta place...

Et elles disent :

— Vous croyez que vous vous êtes rencontrées par hasard ? (Rires) Il y a de belles choses qui s'annoncent... Mais il faut enlever cette peur... Depuis trop longtemps tu la nourris... Il faut que tu acceptes de changer aussi... (Elles parlent de Christèle là... et je demande à Christèle de leur demander comment elle peut faire pour lâcher ses peurs...)

— Elles me disent que j'apprends par toi, Belen...

Christèle dit :

— Alors il y a le Maurice (cet homme qui s'est pointé avant d'arriver au restaurant) qui est là... Alors lui, c'est un rigolo...

Le prénom me rappelle vaguement quelque chose...

Puis il dit :

— J'étais sacrément têtu, j'ai légué autrefois quelque chose de très négatif à mes enfants, et notre rôle, c'est de réparer ! Aujourd'hui, on est très heureux et on est là, on envoie plein d'énergie, on vous soutient, on essaye de vous guider, parfois, c'est vrai, on peut vous étouffer mais c'est aussi une manière de dire que l'on est là, on vous accompagne, c'est très important...

Il tient la main à un homme qui est à côté de lui, et c'est son fils. Christèle me dit que c'est mon grand-père, Piaps. Puis il parle longuement de ma mère, de mon oncle et de mes tantes. Christèle n'avait aucune idée de leurs prénoms, pourtant elle me les cite dans l'ordre de naissance, avec précision, ainsi que leur état psychique et physique. Tout est si précis et juste, encore une fois.

Il ajoute :

— Maintenant, il faut apprendre à profiter de la vie... Arrêtez de vous prendre tellement au sérieux ! La vie sert à expérimenter, à se souvenir, c'est vrai, mais il faut que ce soit simple parfois... léger... !

Ils partent...

J'appelle maman, je lui demande le nom du père de Piaps, elle me répond : Maurice Depret.

Depret -> De près !!!!!!

J'éclate de rire !!!!

Je ne sais pas si ce sont les messages de Christèle, les discussions éclairantes avec Marine, le soin de Laurent, ou le tout mélangé, mais je n'arrête pas de faire des bonds en avant.

Je m'occupe de tous mes papiers pénibles (carte grise, papiers de banque, Sécurité sociale…).

Ça me fait un bien fou de trier, ranger, éclairer… Je mets mon nez partout où je faisais l'autruche et procrastinais… C'est tellement satisfaisant !!

Je fais des *to-do lists* et je n'arrête plus de les cocher : *done* ! Je me sens bien.

Oh Daddy

FLEETWOOD MAC

Papa tombe très malade. Il a une pneumonie.

Il est hospitalisé chez lui.

Il habite à côté de chez moi, je lui rends visite.

Il est méconnaissable, on dirait un tout petit bébé et en même temps un vieillard.

Ses jours sont comptés. Je ressens une infinie tendresse pour ce père qui n'a jamais su l'être avec moi. Cette dernière année avec Alzheimer, des barrières sont tombées, il n'avait peut-être plus sa tête mais avec moi il avait son cœur. Il m'a reconnue, d'âme à âme, je me sens en paix.

Au fur et à mesure des jours, il s'affaiblit encore.

Puis vient le dernier jour.

Nous sommes quatre à son chevet, ma belle-mère, ma demi-sœur Alma, Alvaro et moi, les dernières heures, nous restons près de lui. Je lui caresse la tête, les joues, lui dis des mots doux. Le prêtre arrive, lui oint les mains et lui donne l'extrême-onction, c'est beau.

« Vas-y papa, tu peux y aller !

Toute la peine que tu m'as faite est derrière nous, nous sommes là maintenant et tu es prêt pour le voyage, tu verras, ça va bien se passer... Et regarde, tu es entouré de ta famille, tu es gâté jusqu'au seuil de ta vie. »

Tous les quatre, nous le caressons, sa respiration s'amenuise, s'arrête et repart, et puis c'est son dernier souffle.

« Vas-y papa... »

Je sais qu'il voit le film de sa vie, qu'il ressent tout le bien et le mal faits aux autres à la fois en lui et en l'autre et qu'il est le seul juge.

Quelques mois après sa mort, il est venu me parler à travers Christèle, il était profondément désolé d'être passé à côté de moi, mais aussi de Léo et d'Alvaro, qu'il ait été faible, influençable, égoïste. Il m'a donné d'autres indices et d'autres noms qu'encore une fois Christèle ne pouvait pas connaître.

Ces moments de réparation avec les défunts sont très secouants et en même temps apaisants. La rancœur, la colère, les regrets pèsent des deux côtés, ce sont des liens toxiques entre les vivants et les morts. Je ne sais plus où exactement, mais il existe une vieille légende africaine qui dit que les larmes alourdissent l'âme du mort et qu'elle ne peut pas s'élever et monter dans la lumière, il est donc conseillé de chanter aux veillées funèbres.

Je fais beaucoup de séances de deuil, presque toujours des poches de mémoires émotionnelles sont coincées dans la gorge, le cœur, le ventre du consultant. Il faut alors libérer la parole, faire dire ce qui n'a pas été dit, à voix haute, en s'adressant directement à celui qui n'est plus. Lors de ces séances, la température de mon corps monte très haut, je ressens, entends et vois des informations que je partage ou pas. Lorsque les émotions ont fait leur chemin et ont été évacuées, je sens pour les deux un immense soulagement, l'énergie dans la pièce s'allège, la lumière change et s'éclaircit.

Le personnage et les émotions

Ce sont les vacances de Pâques, nous allons avec Santiago passer une semaine sur l'île de Groix. Quinze jours après la mort de papa, ma tante Isabel meurt d'une longue maladie. Isabel a été comme une mère adoptive pendant des années, confidences, intimité, rires et soutien. Des vagues de larmes montent, à son enterrement je ne peux plus rien retenir. Et en même temps, je ne sais plus qui je pleure.

À Groix, nous retrouvons une joyeuse équipe de cousins et de cousines. Il fait un temps de plomb, j'achète un horrible maillot de bain à l'*Intermarché*, et nous voilà en famille à la plage. Et pour une fois, je ne fais pas semblant, je pleure. Je suis triste et je ne prends pas sur moi. Je ne suis pas drôle, je n'ambiance pas, j'ai mauvaise mine, le cœur griffé, déchiré, malaxé, haché.

Cette branche de la famille est si accueillante, ils ont vécu en Finlande, en Grèce, ils sont tous très croyants, habités par la grâce. Et en même temps rock'n'roll. J'écoute *Le Processus*, une formation de Franck Lopvet, il nous parle de son regard sur la vie, de la façon de reprendre son propre pouvoir et comment ne plus se raconter de salades. J'ai envie d'aller plus loin, par exemple sur le personnage que l'on se crée et les émotions.

Le personnage :

« Qui est mon personnage ?

Quel est le scénario que je nourris ?

Je regarde la vie de façon à ce que la vie me prouve que j'ai raison et que la réalité que je vois est en résonance avec mes croyances. »

« Le personnage s'est construit sur quelques injonctions entendues dans la jeunesse.

Que ces injonctions agissent comme des filtres à réalité. C'est-à-dire que je vais ensuite entrer en connexion avec le grand réel, trier une portion du réel que je vais appeler LA réalité. (Alors que c'est MA réalité.)

Cette portion du réel a été filtrée par mes traumas, les injonctions entendues, mes croyances, mon hérédité, mes expériences, etc., etc. Donc je filtre le réel. »

Waouhhhhh...

Quel est mon personnage ?

La victime et l'héroïne !

Le monde est contre moi et pourtant je traverse !

La barbe !

Je commence à écouter la façon dont je raconte mes histoires au téléphone à mes amies, oui ! C'est bien ça ! Je filtre la réalité avec les lunettes de mon personnage, je sélectionne ce qui va prouver que j'ai raison et je sers MA réalité. Ma réalité où je suis à la fois victime et héroïne.

Souffle ma belle... Ce n'est pas grave... Et si tu commençais à t'en foutre d'avoir raison ?

Et si tu commençais à t'en foutre d'avoir l'air forte ? Tu l'es !

Pendant les jours suivants, je lâche...

Je comprends aussi que je DOIS me laisser traverser par mes émotions. Mes émotions ? Je sais le faire pour les autres, mais moi ?

À part la colère, la tristesse... Mes émotions ?

Alors délicatement, je guette l'arrivée d'une émotion, elles sont timides au début, puis quand elles voient que je les accueille, que je leur fais de la place, qu'elles peuvent me traverser des pieds à la tête, tout doucement elles arrivent. Et ça sort, je me libère, petit à petit. Des émotions, il y en a une flopée, voici les huit principales : la joie, la peur, le dégoût, la colère, la tristesse, la surprise, la confiance et le mépris.

Je pleure quand je pleure, j'ai peur quand j'ai peur, je ris quand je ris.

Voilà.

Je ne suis pas devenue une autoroute à émotions, ça prend du temps, mais j'ai reçu quelques clés fondamentales de guérison.

Un été chiant comme la pluie

L'été qui suit est épouvantable, je loue différentes maisons sur l'île de Groix pendant cinq semaines, il pleut pendant trente jours.

Des rideaux de pluie de l'aube au crépuscule et même la nuit !

Et pour la fin de mon séjour, j'ai la bonne idée de louer quinze jours une petite maison à Kervédan, à l'autre bout de l'île, plein ouest, dans les Landes et, comme dirait la propriétaire, loin de tout et proche de l'essentiel. Ce coin est sauvage, il me fait penser à l'Irlande où je rêve d'aller un jour...

La chambre là-haut est immense, plutôt bien décorée, mais avec l'odeur de transpiration tenace des locataires précédents.

Le salon et la cuisine sont charmants, il y a un tout petit jardin, et un morceau de pelouse de 3 m sur 2 m. Dans ce petit jardin, il y a environ 2 m^2 de trèfles où j'ai ramassé déjà au moins cinquante trèfles à quatre et cinq feuilles, incroyable ! J'ai lu qu'il y a en moyenne un trèfle à quatre feuilles sur dix mille trèfles à trois feuilles.

C'est un changement, une malformation génétique.

Très étrange de trouver autant de modifications génétiques en un seul petit endroit.

Dès que je me penche, j'en trouve encore une, deux, trois... C'est curieux d'avoir voulu venir ici seule pendant deux semaines, je pense que j'en avais besoin. C'est à la fois agréable et perturbant.

Je continue et termine *Le Processus* de Franck Lopvet, ou comment se rapprocher de soi, vraiment en profondeur.

Il pleut depuis ce matin.

J'écoute Franck Lopvet, je regarde un film dans mon lit, je passe des coups de fil, j'ai mis les trèfles à quatre et cinq feuilles dans un carnet d'aquarelle, je suis quand même stupéfaite, j'en ai ramassé presque soixante-dix ! C'est tellement magique pour moi ! Je me repose aussi... Je suis venue pour ça, mais je ne sais pas très bien comment faire !!

Les jours passent, toujours la solitude, toujours la pluie. Ma seule excitation, trouver des trèfles, j'ai la sensation de passer dans une autre dimension alors, une dimension empreinte de magie.

Dernier jour sur l'île de Groix.

Deux cent onze trèfles, je me demande le lien entre ce record de trèfles à quatre et cinq feuilles et la daube vécue pendant ces quinze derniers jours.

Peut-être que cette traversée du désert est pour le meilleur en termes de karcher... peut-être.

Il fait très beau aujourd'hui, je suis restée longtemps à la plage. Ça m'a fait du bien un peu de soleil...

Départ de Santiago, le grand saut

Début septembre, mon fils part faire ses études en Espagne, décision prise pendant l'été.

Pour acter et sceller ce passage, nous décidons de faire un saut en parachute tous les deux. Nous voilà partis au nord de Paris. Une minute de chute libre et quelques minutes de parachute, en tandem bien sûr.

Assise sur le rebord du petit avion avant de sauter, je me dis : *Mais t'es dingue ! Et en plus tu embarques ton fils dans cette aventure !!*

Le paysage est minuscule dessous, la Terre est ronde, là, ça se voit, nous sommes à la hauteur des nuages. Mon instructeur me dit : « 3... 2... 1, c'est parti ! » On saute dans le vide et là... là... c'est fantastique !

Dingue mais fantastique ! Je vole ou, plutôt, je plonge... J'ai peur et je suis fascinée. La chute libre donne une sensation d'euphorie, une expérience inédite, la terre se rapproche si vite, l'intensité est à son apogée. Malgré le plongeon à 200 km/h, je me sens en sécurité grâce à mon tandem, le moniteur à qui je suis accrochée est tellement à l'aise dans les airs ! On pivote, on fait des figures, je ris aux larmes. Puis à 1 500 m, il ouvre le parachute qui freine instantanément la descente, on flotte, j'aime moins l'effet, mais j'ai le temps de regarder le paysage, les champs jaunes et verts, les villages et l'aérodrome. Nous nous retrouvons avec Santiago sur l'herbe de la piste d'atterrissage, shootés à l'adrénaline, nos jambes flageolent, on se serre fort dans les bras, tellement fiers de l'autre !

On a dépassé notre peur ! On l'a fait ! Un moment de folie ensemble, un moment gravé dans notre mémoire.

Maintenant, nous allons pouvoir chacun sauter dans le vide, lui en partant à 17 ans faire ses études à l'étranger, moi en vivant sans lui.

Comme je t'aime, Santiago…

Quelques jours plus tard.

Réveil en sursaut et en larmes, il part bientôt.

Quelle épreuve ! Cela me paraît insurmontable. Je vais vivre sans mon fils. Dix-sept ans d'amour et de partages quotidiens. Je fonds en larmes, souvent. Putain, comme c'est dur !

Son envol, le nid vide

Je viens d'accompagner Santiago à l'aéroport, ça y est, il part vivre ailleurs. Il est parti de la maison.

Fin d'un chapitre qui a duré dix-sept ans de vie commune, d'amour, de tendresse, de rires, de complicité.

Je ne lui ai rien montré, je lui ai dit au revoir en souriant, confiante, mais depuis que je roule vers Paris, je ne peux pas m'arrêter de pleurer. En rentrant, l'appartement est vide. Sa chambre aussi, et je me dis que c'est fini. Il ne vivra plus jamais avec moi.

Il est parti.

Bien sûr, autre chose va commencer, mais c'est vraiment douloureux.

Plusieurs jours que j'ai mal, un mal de chien.

Une vibration de douleur ne me lâche pas le corps, je ne sais pas comment aller mieux, ni assise, ni allongée, ni debout, ni à l'intérieur, ni à l'extérieur, ni seule, ni accompagnée. J'ai mal où que je sois.

Je ne m'attendais pas à ça, je m'attendais à être triste, à pleurer, mais cette sensation d'arrachement dans le corps, je ne m'y attendais pas.

Hier, j'ai ressenti quelques minutes d'apaisement, mais depuis ce matin, c'est l'enfer.

J'ai du mal à parler au téléphone, à qui que ce soit, je suis fatiguée.

Un magnétiseur me parle de confier à plus grand que moi mes doutes, mes peines, mes décisions, il me parle aussi de l'énergie christique qu'il sent très forte chez moi.

Ah bon ?

Mais en rentrant, je commence un rituel que je ferai de longs mois.

Je me fais couler un bain, avant je ne prenais que des douches le matin, là, à la fin de mes séances et de la journée, je me plonge dans un bain. Je retire alors de mes épaules la moitié du poids de ma vie et je le confie à plus grand que moi.

Je réalise doucement que non, je ne suis pas responsable de tout, non, je ne contrôle pas grand-chose, que oui, j'ai ma partie, ce que je fais sur Terre, mais leçon d'humilité, nous ne sommes pas des dieux tout-puissants ! Je m'allège et, petit à petit, s'ouvre un espace à l'intérieur de moi. Jour après jour, je commence à confier. Je me sens moins seule aussi, ma vie spirituelle prend une autre forme, plus concrète.

Ceinture de chasteté

Encore des hommes qui tentent de m'approcher, non, je ne suis pas sur des applis de rencontres, j'en serais bien incapable, mais ça continue, j'attire... et il me faut du discernement.

Depuis le départ de Santiago, plus un seul contact physique, j'ai toujours été une tendre, et je ressens le manque.

Je suis tentée... tentée d'avoir de la tendresse.

Je ne peux plus avoir la moindre sexualité sans amour, je ne peux plus faire semblant. Si j'essaye, je me dédouble, je ne suis plus là.

En lisant la *Femme solaire* de Paule Salomon, je me demande si je n'ai pas été prêtresse dans les temples sacrés ! La sexualité a pour moi une dimension bien différente de ce que la plupart des gens perçoivent. Je vois aussi que ce que je fais naturellement est semblable à certaines pratiques de la sexualité sacrée, la maîtrise du mouvement de l'énergie à l'intérieur du corps par exemple, faire monter l'orgasme le long de la colonne vertébrale, le faire jaillir par la fontanelle au sommet de la tête et le faire replonger dans le plexus solaire, une habitude prise en pratiquant seule, il y a fort longtemps. Je suis loin d'en connaître tous les aspects, mais c'est un chemin extraordinaire pour se reconnecter à sa nature divine, pourquoi on ne le fait pas tous ? Je me mets à lire certains maîtres tantriques connus, mais ils m'agacent, c'est soit trop « cul », soit trop « maîtrise », bref, ça me barbe, il manque toujours cette dimension... Je reste avec mes réminiscences. C'est donc frustrant, en plus du côté sacré, la sexualité est pour moi naturelle, joyeuse. Au fond, ce que nous attendons tous à travers l'acte sexuel, c'est l'amour, mais pourquoi alors finalement la sexualité s'est-elle autant éloignée de l'amour... ? Le livre *Faire l'amour de manière divine, de l'acte charnel à l'amour divin* de Barry Long, un maître spirituel australien, m'éclaire. Je ne peux plus faire de compromis, c'est décidé, c'est parti pour la diète totale.

Ceinture !

Aujourd'hui, c'est l'anniversaire de Léo

« Ma Léo,

Tu me manques, tu le sais. Je te sens proche de moi, dès que je fais une connerie, je me demande ce que tu en penses, mais quand même, ça me fait de la peine parfois.

Tu savais être insupportable, avec ta façon de bouder, mais tu restes la personne dont je me sens la plus proche. Merci pour Christèle, heureusement qu'elle est là. Car mis à part Santiago, je ne me sens pas beaucoup d'accointances avec les gens. Je suis proche de maman aussi, et de Rose, mais rien à voir avec toi.

Ma vie peut être bien chiante et passionnante, je garde la foi, même si souvent je doute, j'ai la frousse. Tout le monde dit que la vie passe trop vite, moi, j'ai l'impression d'avoir déjà vécu mille vies. Tu vois, j'ai envie de faire des trucs formidables, de me dépasser, de rayonner.

Si on vit en parallèle toutes les deux, ne ratons pas le coche !

Toi aussi, je suppose... à ton niveau (*Fly in the sky!!*). J'ai envie d'être heureuse, ma Léo, de rire, de me sentir en sécurité, de me déployer, d'aimer et d'être aimée, d'explorer, de découvrir, de transmettre, de donner et de recevoir.

Je me sens jeune et belle, j'ai l'impression d'avoir traversé le purgatoire pendant des années. Je ne suis peut-être pas juste, j'ai peut-être la mémoire trop sélective et j'ai sûrement passé de bons moments aussi, mais tout est teinté de quelque chose de pas tout à fait abouti ici-bas.

Tu vois ce que je veux dire...

Tu dois expérimenter de ces trucs toi là-haut !!

Je t'aime ma sœur. »

Jésus-Christ superstar

Je repars quatre jours sur l'île de Groix. Tout autour de l'île, il y a de ravissantes criques et une immense plage convexe de sable blanc, la mer transparente lèche le rivage, la nature m'appelle. Depuis que je n'ai plus la possibilité de m'échapper de la ville et d'aller respirer dans la forêt en Sologne, la nature me manque. Et le feu de cheminée, difficile de vivre sans un feu de bois, sa chaleur, sa lumière, son chant, son odeur. J'en ai besoin. C'est viscéral. L'hiver, je loue un petit appartement sur l'île, je vois la mer si je m'assieds sur le bord de la fenêtre du salon, comme à Paris, m'asseoir sur le bord de la fenêtre et regarder le ciel. Arrivée sur l'île, je fonce voir Bruno et Anne, mon oncle et ma tante. J'ai un sujet un peu épineux à confier à Anne, j'aime son bon sens, sa sagesse et même sa dureté sur son grand cœur. Elle m'emmène dans son jardin et prie tout haut. Elle s'adresse à Jésus, lui confie ma situation, le remercie pour ses grâces, elle lui parle comme à un grand frère pour qui elle a un respect infini. Mon cœur se met à chauffer, ses paroles résonnent en moi, de plus en plus, je suis touchée, sa proximité, incroyablement touchée, c'est bon... tellement bon, qu'à la fin de la prière, je remercie Anne et fonce à la plage pour rester seule face à la mer avec ce ressenti, ce bonheur intense, cette joie, cette douceur... Que s'est-il passé ?

Je suis bouleversée.

Sa proximité avec Jésus me touche en profondeur, plus que ça...

Je rentre à Paris troublée... Jésus ?

Ce qu'elle me dit m'interpelle : « Jésus n'est pas une religion, mais une relation. » C'est la clé pour moi. C'est ce qui m'ouvre les barrières.

Une semaine plus tard, une connaissance, Erwan, reprend contact avec moi ; quasi immédiatement nous parlons de Jésus.

Il s'exclame :

— Ah voilà ! Ça y est !

— ... ?

Il m'explique que lorsque nous nous sommes rencontrés cinq ans plus tôt, il avait senti sa présence évidente chez moi, il est très croyant. Il me dit qu'il avait perçu que je n'étais pas prête, ça l'avait visiblement agacé. Notre rencontre s'était assez mal terminée.

Discutant au téléphone, toujours perplexe, je me promène dans ma maison, et je découvre dans chaque pièce des traces de Lui. Au-dessus de mes portes d'entrée une croix sud-américaine, un sticker de Jésus « *I am the Truth, the Way, the Life* », dans mon salon deux belles croix éthiopiennes sont accrochées le long de l'escalier, dans la chambre de Santiago un immense poster de pub des années soixante-dix pour une marque de jeans qui s'appelle… Jésus ! Des cœurs sacrés sud-américains un peu partout dans ma maison.

Et je n'avais rien vu.

Rien.

C'est moi qui les ai mis là inconsciemment, complètement inconsciemment. Je suis stupéfaite.

Mais ce serait Lui qui m'aurait protégée si souvent ? J'ai toujours senti une protection puissante, une vraie force face à l'ombre.

Je raccroche avec Erwan, je fonce vers l'église à côté de la maison où je n'avais jamais mis les pieds, et là, devant la statue du Christ les bras ouverts, mon cœur chauffe à nouveau. Mon cœur s'expanse et flambe.

C'est complètement physique, tangible.

J'ai peur.

Je suis affolée !

Je ressors de l'église en courant.

S'ensuivent quatre mois où cet ami m'initie à la parole de Jésus deux à cinq heures par soir au téléphone.

Je reçois ses préceptes à travers mon quotidien, partant d'événements de la vie de tous les jours. Humilité, discernement, joie, confiance, pardon…

Et surtout : que Ta volonté soit faite.

Lâcher prise…

D'ailleurs, mon quotidien est difficile car j'ai attrapé le Covid, très violemment et très longtemps. Des mois de grande faiblesse, de violents maux de tête, de la toux, plus de goût, plus d'odorat, parfois de fortes fièvres. Pendant les mois d'hiver jusqu'à la fin du printemps, ma vie n'est que travail la semaine, repos le week-end, apprentissage tous les soirs.

Je retraverse alors certains épisodes de ma vie, tout n'est plus sur mes épaules, je peux demander à Dieu de pardonner à ceux qui m'ont fait trop de mal.

Par exemple, la première libération concernant le violeur a été faite avec le Dr Portes, j'ai vu la situation avec de la hauteur, j'ai pu me pardonner et j'ai repris ma responsabilité, une épreuve à vivre dans cette incarnation. Ma deuxième libération a été faite avec Erwan, avec un autre angle de vue, j'ai demandé à plus grand que moi de pardonner au violeur. J'ai senti dans mon âme, ma chair et mon cœur que le pardon avait été donné, je suis libérée. Et je me sens aimée. Profondément aimée, mon regard sur moi change.

Je ressens cette belle intimité avec un grand frère, mais pas n'importe lequel, une incarnation de la Source, le prophète de l'Amour, Jésus.

Je n'aime pas la représentation de Jésus sur la croix, quelque chose me dérange, en revanche le Sacré-Cœur avec ses rayons me parle, me touche.

Je vis alors une lune de miel qui durera six mois, une période d'extase.

Il est dans ma vie, je suis sous son aile.

Je commence un long travail de nettoyage énergétique, je retire des liens et des liens, c'est assez drôle comme finalement ça se recoupe, comment ce que j'ai appris pendant des années en Pranic Healing, en énergétique, se retrouve dans ce que j'apprends aujourd'hui. De nombreux écrits de l'Église orthodoxe, protestante, traitent des dangers de l'occultisme.

Les techniques sont sensiblement les mêmes, comme l'eau qui purifie le nouveau-né du péché originel, et l'eau qui nettoie les énergies du chaman amazonien.

Dans mon bain du soir, après m'être entièrement immergée dans l'eau, je ressens un besoin irrépressible : me faire baptiser !

J'appelle mon cousin Anne-Louis, lui aussi protestant/baptiste, et lui soumets ma demande, il est OK, nous le ferons cet été, dans la mer. Je n'adhère pas à une religion, mais je me confie à Lui.

Je prie de façon informelle tous les jours, je Lui parle. Je Lui confie mes séances, quand je rame, je L'appelle, Il m'entend.

Anne me guide en douceur.

J'ai bien sûr tout au long des questions, des doutes. C'est finalement encore un mouvement de lâcher-prise, faire confiance à plus grand que moi.

Leçon d'humilité.

Vouloir contrôler, orgueil.

Vouloir contrôler vient de la peur, donc manque de confiance, manque de foi...

La prière reprend sa place dans ma vie, après cette lune de miel, l'euphorie se calme, s'apaise. Je suis maintenant sous Sa protection.

Reculer pour mieux tomber

J'annule au dernier moment en novembre et en février un stage avec Franck Lopvet.

J'ai adoré son bouquin, sa masterclass, mais il m'agace.

Il a l'air excédé par la connerie des gens. Mais ça me titille.

Un soir, après une semaine bien chargée de travail, je retrouve quelques habitués dans un petit bar du 6e arrondissement, j'adore ce bar, le bien nommé *Relais de la Poste*. Douze habitués hétéroclites, tous les âges, tous les milieux socioprofessionnels, et même envie de rigoler. Je gare ma Ganeshmobile pile devant la terrasse du bar, ce soir je suis DJ.

J'ai besoin d'ouvrir les vannes de légèreté.

18 h 30, premier gin-tonic, deuxième... troisième...

J'ouvre la boîte de nuit, DJ, je suis aux manettes, toutes portes ouvertes, ma Ganeshmobile crache du son. Et pas n'importe quel son, une playlist savamment constituée, soul/funk/disco/afro-beat... Le trottoir est la piste de danse, c'est le show !

Qu'est-ce que ça fait du bien !!! Je me déchaîne !

En nage, je m'effondre sur une chaise et bam ! je tombe de tout mon poids sur le cul, pas de chaise ! Choc, mais le gin m'a anesthésiée, pour le moment, je ne sens rien.

La soirée continue, je danse, je ris, et je rentre à la maison.

Au lever, la douleur me déchire.

Radio, scanner : fracture du sacrum et luxation du coccyx.

Ah ouais…

Je vais voir trois fois une ostéopathe sexologue, rue Daru, qui me replace le coccyx par l'intérieur, elle dégage d'abord les mémoires de Granny engrammées autour de mon chakra racine. Le chakra racine situé dans la zone du coccyx et du plancher pelvien. Il symbolise les mémoires de nos ancêtres.

Tous les tissus, muscles sont tendus autour du coccyx, la manipulation n'est pas très agréable, je me concentre pour rester détendue… Elle me parle de Granny, je fais des liens auxquels je n'avais jamais pensé… Au bout d'un moment, je sens un profond soulagement. En rentrant à pied à la maison, je dialogue avec ma grand-mère, je l'honore, je lui rends certaines de ses mémoires, les siennes et celles de ses ancêtres.

Deux semaines plus tard, j'y retourne, nouvelle manipulation, l'autre côté du coccyx, gauche, masculin, cette fois-ci, grand-mère côté paternel, ses multiples fausses couches, j'accompagne, respire profondément, ce n'est toujours pas très agréable, mais le travail qu'elle fait en interne est très libérateur, et à plusieurs niveaux. Et comme pour Granny, sur le chemin du retour, j'honore Mamy, son histoire, lui rends ses mémoires et celles de ses ancêtres.

Une troisième fois, elle replace carrément le coccyx dans son axe. Ouch !

Maintenant, c'est au sacrum de se ressouder.

Sacrum : sacré… espace sacré… sanctuaire… temple… sacrifice… séparation… interdit… honte… sexualité… serpent…

Intéressant, une hypothèse voudrait que les anciens vissent le sacrum comme un point clé à partir duquel le corps se reconstituait dans l'au-delà.

Pistes à suivre… J'ai une idée…

Dîner avec *sista* Christèle

Après le bonheur de nous retrouver et un dîner partagé, nous marchons ensemble jusqu'aux *Invalides*. Papa nous rejoint, il parle à travers elle :

— Je suis tellement désolé de t'avoir ratée pendant ma vie, et d'être passé aussi à côté de Léo et d'Alvaro. J'ai été égoïste, je te demande pardon. J'en prends l'entière responsabilité, mais je te promets, je suis là maintenant.

Christèle est submergée par les émotions de papa, puis elle me dit :

— Voilà ce qu'il ne t'a jamais fait et veut que je te le fasse.

Elle me prend alors dans ses bras et me serre fort, longuement...

C'est vrai, papa ne m'a jamais prise dans ses bras. Cette tendre accolade me bouleverse et me fait tellement de bien.

Puis il insiste :

— Tes mots sont justes... tes mots sont justes... Ton intuition ne te trompera pas, écoute-la toujours...

Christèle me le répète en boucle. Je ne comprends pas vraiment...

Et elle termine par :

— Ton père est prêt à t'aider mais il faut que tu le lui demandes. Car il ne peut pas t'aider si tu ne le lui demandes pas.

Leur demander, une autre clé.

Debout sur une chaise : à ta hauteur

Cette fois-ci, c'est la bonne, troisième date de stage avec Franck Lopvet, troisième réservation, quatre jours à côté de Paris, j'y vais.

Je vais très rarement à ce genre de stage, jusque-là le groupe n'est toujours pas un « endroit » qui m'attire. Pas envie d'être polluée, peur des pathos et des énergies de chacun...

Mais je suis appelée, il faut que j'y aille.

J'écoute ma voix intérieure... c'est le moment.

Pendant ces quatre jours, aucune douleur au sacrum, la bête s'est rendormie ?

Nous sommes trente personnes, un groupe hétéroclite, assis en cercle sous une grande verrière.

Franck commence, il nous parle, et assez vite débute l'interaction avec les participants.

Une jeune et ravissante Eurasienne pose sa question, Franck la jauge, nous comprenons qu'elle enchaîne les stages de « développement personnel », une frénésie. Il la sent au bord de la folie, elle danse au milieu de nous, elle semble se dépasser un peu trop, symptômes de « perchage », il lui conseille de souffler, de se remettre en elle, de quitter le stage. Elle le fera plus tard, quand ce sera le « bon moment ». Elle se lève, nous sommes estomaqués, elle s'en va.

Et ça résonne juste.

Pendant les deux premiers jours, je suis sidérée, à chaque intervention avec une personne, je sens que ça répare quelque chose en moi, ça touche plusieurs couches, même quand l'histoire du participant n'a rien à voir avec la mienne.

L'INTIMITÉ EST UNIVERSELLE.

Je comprends alors le travail de groupe.

À nouveau, je suis incapable de poser mes questions, de prendre ma place.

Le troisième matin, je pars à Cachan très tôt, il faut que je lui parle. Je me gare devant le lieu de stage. J'attends, je sais qu'il arrive. Je le vois dans le rétroviseur, toujours assise dans ma voiture, je l'entreprends :

— Franck !

Il se penche, me dit bonjour en chambrant Ganeshmobile, quel toupet !

— Franck, ne me laisse pas me planquer, je suis venue ici, mais j'ai peur. Ne me laisse pas tomber, s'il te plaît.

Il rigole et me répond :

— Ne t'inquiète pas, je t'ai vue, je vais m'occuper de toi !

Le cœur battant, je rentre dans la salle, je m'assieds, je patiente. Je crains qu'il me dise que je suis un pipeau, qu'il me mette face à mes insuffisances, à mes propres mensonges. Pourtant, je sens une vraie bienveillance chez lui, brutale parfois, mais je suis en confiance.

C'est mon tour, j'ai le vertige, tout le monde se met à nu, pleure, rit, s'émeut depuis trois jours. Nous commençons à nous connaître, l'énergie lors des sessions est très dense et brillante. Je sens les guérisons comme de petites étoiles qui cautérisent mes plaies encore vives. Le travail de groupe par Franck est magique.

Il est profondément humain, le plus authentique possible, et il utilise sa clairvoyance de façon extrêmement constructive.

Moi qui doutais, respect.

C'est mon tour.

De moi, toujours recroquevillée, toujours inconsciente de ce que je suis, je reprends mon amplitude, je me redresse. Il prend les vingt-neuf intervenants à témoin, je pleure, ils me font tous miroir, et ce qui se reflète est beau.

Je suis touchée, certaines de mes œillères et armures tombent, c'est plus clair, un décalage, un recalage, un alignement. Mon regard est plus juste. Mais il me challenge aussi, me redonne les rênes, c'est ma vie.

Ma vie.

Les heures de ma vie.

Je décide quoi ?

J'en fais quoi ?

Je continue à avancer avec la petite fille blessée, abandonnée qui croit qu'elle ne vaut rien ? Ou je me regarde, moi, la femme que je suis ?

Au lieu d'écraser mon ego, il me remet dans les mains ses éclats éparpillés.

Les écailles de blessures, d'humiliations peuvent tomber de mes yeux. *C'est bon. Laisse ça derrière, tu n'es pas obligée de les porter encore, lâche… Souviens-toi… tu n'as pas à avoir peur… Lâche prise…*

Ce n'est pas un gourou ni un maître, il transmet la bonne information avec son énergie à lui, nos chemins se croisent, la magie opère.

Et ensuite, c'est à moi de faire le processus, de mettre en action, de rester consciente.

C'est à moi de me relever, de rassurer la petite Belen, de la sortir de sa chambre, de la protéger.

C'est à moi de faire les bons choix, les bonnes actions qui vont m'approcher petit à petit de la ligne temporelle la plus juste à mon évolution. Et finalement, ce sont aussi les messages que Léo me passait à travers Christèle : « Prends ta place. »

C'est exigeant.

Tenir bon et lâcher prise...

Maintenant, je me sens plus forte, plus alignée, en place ! Comme si Franck m'avait mise devant un miroir et ce que j'ai perçu m'a rendu ma dignité. J'ai pris confiance en moi, je me sens plus solide, je ne fanfaronne pas non plus, mais je ressens comme jamais que mes croyances définissent ma vie. Depuis ce stage, je ne me tiens plus tout à fait pareil, mon positionnement intérieur se reflète à l'extérieur. Je sens que ma présence a changé, j'ai récupéré ma valeur.

Enfin le déclic

Déjeuner avec Christèle, quelle joie de la retrouver, ma *sista* ! Plein de choses à se raconter, elle revient d'un festival littéraire près de Marseille.

Moi, je sors du stage de Franck Lopvet remplie de nouvelles compréhensions, avec un regard enrichi.

Emportées par nos embrassades et nos discussions, nous nous arrêtons au hasard dans un petit bistrot, nous commandons le plat du jour, deux verres de vin, et en voiture Simone ! Elle me raconte ces trois jours à Aix-en-Provence, les conférences, la chambre d'hôte, me parle d'un homme qui travaille dans l'édition qu'elle a rencontré et qu'elle veut absolument que je rencontre. Elle me dit son prénom, je ressens une déflagration, une bombe intérieure. Je lui demande de trouver une photo de lui, je veux voir son visage. Et là, elle me montre une photo de lui glanée sur le Net.

Choc.

Lui.

Lui ?

Oui, lui.

J'ai la conviction de reconnaître cet homme, et ce n'est pas rien… c'est celui que j'attends depuis si longtemps…

Comme à notre habitude, nous discutons pendant des heures, mais il faut vite que je rentre à la maison.

Je dois lui écrire mon histoire, à lui.

J'attends depuis des années ce déclic.

Je me mets devant mon ordinateur, et je commence à écrire.

Son regard et son nom voltigent dans ma tête.

Il faut qu'il me voie.

Je n'ai pas le choix.

Lui.

Voilà l'été

Les consultants affluent et les séances continuent de me surprendre. Au fil des années, je réalise que l'inceste concerne tous les milieux, des familles bourgeoises aux familles ouvrières, des milieux intellectuels aux milieux paysans, c'est comme une sorte de virus qui se transmet de génération en génération. Le même virus évité lorsque j'ai failli répéter les coups que j'avais reçus enfant sur mon fils. Souvent, mes thérapies sont très brèves, de trois à six séances, mais pour certains cas, c'est plus long.

Même adultes, presque toutes mes consultantes culpabilisent de ne pas avoir pu dire non, de ne pas avoir pu en parler, même quand les viols ont commencé alors qu'elles n'avaient que 5 ans. Même lorsque c'était leur grand-père adoré, leur oncle redouté ou leur beau-père imposé, l'image de l'autorité, le géant. La culpabilité et le dégoût de soi restent les pires empreintes à effacer. L'EMDR est efficace pour éloigner les images, les sensations, les odeurs. Souvenirs d'horreurs qu'elles peuvent déposer et laisser dans le passé. On n'efface pas, on digère suffisamment pour avancer, car il est des blessures que nous gardons toute la vie.

Cette année, j'ai puisé trop profondément dans mes ressources, je n'ai pas pu m'arrêter de travailler jusqu'à l'été, il va me falloir du temps pour me reposer.

J'ai loué une maison sur l'île de Groix pendant trois semaines et prévu une courte thalasso à Saint-Malo, son prix est exorbitant, mais j'ai besoin que l'on prenne soin de moi, d'être dorlotée. Ensuite, je rentre à Paris et je garde trois semaines off, je ne reprendrai pas avant le 1er septembre, c'est décidé.

Santiago a 18 ans, il passe ses vacances avec ses copains, mi-gorge serrée, mi-heureuse pour lui. Il fait un passage éclair sur l'île et repart à l'aventure.

Le baptême approche, au milieu de quelques mini drames familiaux, je cherche à me remettre en lien avec Jésus.

J'ai toujours la foi, mais le lien est plus ténu.

Nous préparons le baptême, ma décision est prise, je veux me purifier, c'est une renaissance, au plus profond de moi, c'est ce que je désire.

Les trois jours qui précèdent le baptême, des relents de tristesse puis des tsunamis de pleurs me fracassent au sol.

Que se passe-t-il ? Une énergie sombre cherche à me faire dévier de mon chemin ?

Tout remonte.

La solitude me submerge, je me sens seule à en crever. Une partie de ma famille est sur l'île, mais je n'ai ni mon fils, ni ma sœur, ni ma mère, ni mon frère, ni mon père.

Mes proches sont loin, inatteignables.

Je choisis Locqueltas, ma petite crique mystique, trois anses de rochers plongent leurs bras dans la mer, les algues vertes et violettes dansent au rythme des vagues, mon oncle, ma tante, leurs quatre enfants, leurs quatre maris et femme sont là.

Anne-Louis interprète à la guitare le morceau que je lui ai demandé, *Jésus* du Velvet Underground, je fais mon témoignage vêtue d'une tunique indienne blanche, sur le sable, dos à l'océan et face à eux. Leur foi leur donne à tous une vibration bien particulière, ils se réjouissent que je les rejoigne dans leur grande famille spirituelle.

Je suis heureuse de renaître, et de me remettre dans les mains du Christ.

J'ai la foi.

Confier.

Avoir confiance.

Que Ta volonté soit faite.

Lâcher prise...

Immergée entièrement dans la mer, symbole de mort et de renaissance.

En ressortant de l'eau, la joie jaillit de mon cœur, de mon plexus solaire, je souris, plus que ça.

Ensuite, tous en rond autour de moi, ils posent la main sur moi et chacun à leur tour me bénit à voix haute.

Cette énergie... Cet amour...

Les jours qui suivent, je sens à nouveau la paix en moi.

Mes vacances sont calmes... très calmes...

Je me repose, mes doubles cernes s'estompent difficilement. Mon énergie profonde, mon pétrole, met du temps à se reformer. Le silence.

Août et les lignes temporelles

Début août, je quitte l'île de Groix, direction Saint-Malo. Ganeshmobile n'a plus d'amortisseurs, comme moi et mes lombaires, nous couinons quand ça secoue, nous sommes liées toutes les deux et nous vieillissons ensemble. L'hôtel imposant style Belle Époque surplombe la mer, ma chambre s'étend par une immense terrasse, un luxe que je ne m'étais jamais offert. L'année a été éprouvante, pas de vacances, je vais prendre soin de moi comme une reine ! Dans quelques mois, à Noël, cela fera dix ans que Léo est partie dans l'autre monde, elle est maintenant ma grande sœur et mon guide.

J'ai écrit à cet homme dont m'a parlé Christèle, je lui ai dit que je lui envoyais un texte avant fin août, je ne sais pas pourquoi, je dois lui raconter mon histoire. Quelque chose d'inexplicable me pousse vers lui.

Le 10 août, je n'ai écrit que vingt petites pages, cet été, j'ai été bien incapable d'écrire une ligne, le regard plongé dans la mer, le nez au vent, vacante.

Une sensation de rien.

Mais il faut que l'on se voie.

À nouveau son nom, son regard flotte autour de moi.

C'est énigmatique, je ne l'ai jamais vu.

J'écoute ma voix intérieure.

Cet homme est une évidence, je le sais et je ne sais pas pourquoi.

Ce n'est pas dans mes habitudes, mais je le relance, nous convenons d'un rendez-vous à mon retour.

Il me tarde de le rencontrer.

Je profite des enveloppements d'algues, bains remuants, massages sous affusion et autres papouilles pour accompagner les cellules de mon corps par la visualisation à bien absorber les oligoéléments, minéraux et autres bienfaits de la mer.

J'en ai besoin, je sais maintenant à quel point mon corps joue son rôle lors de mes séances avec mes consultants, et cette année, j'ai pris cher. Entre les variations de températures internes, l'énergie que je laisse me traverser et ce que j'absorbe... il va falloir que je fasse plus attention.

Toi en priorité.

Un peu comme dans l'avion lorsque l'hôtesse énumère les conditions de sécurité, les parents doivent se mettre leur masque à oxygène avant de le mettre à leur enfant.

Avant, ça me choquait.

Maintenant, je comprends.

La solitude m'étreint à nouveau, seule une semaine entière dans un hôtel en plein mois d'août, c'est compliqué.

J'aimerais m'en foutre, mais au bout de quatre soirées, seule à ma table dans la grande salle de restaurant, ça ne m'amuse plus.

C'est le dernier soir, je suis finalement assez contente de rentrer à Paris. Ressourcée, rechargée, même plus cernée ! Entre Saint-Malo et Paris, je vole sur l'autoroute, nous sommes mi-août, la ville est déserte, je gare Ganeshmobile à l'ombre, Christèle m'attend, la joie !

Nous communiquons beaucoup par télépathie, mais c'est quand même mieux de partager un moment ensemble ! Plus de notion de temps quand nous sommes toutes les deux, nous nous partageons nos étés, nos états d'âme, nos rires et du chocolat.

Au réveil le lendemain, je suis poussée hors de mon lit avec l'urgence d'écrire. Je reprends mes vingt pages du mois de juin, et c'est parti, ma vie se déroule sur l'écran, ligne par ligne jusqu'à aujourd'hui. En transe, j'écris quarante-huit ans de vie en quinze jours.

Je réalise alors la paix que je ressens sur mon histoire, que chaque ligne temporelle sur laquelle j'ai sauté avec chaque choix, chaque décision était parfaite, qu'il est temps que je commence un nouveau cycle, j'ai d'autres choses à découvrir. Tout est imbriqué dans un équilibre parfait, surtout, surtout quand je lâche prise…

Il y a des blessures qui ne guériront jamais tout à fait, mais je les reconnais, je les apprivoise, l'écho de la souffrance est moins long.

Au lieu de ne parler que des conséquences des traumatismes, ne serait-il pas intéressant de réfléchir aux ressources que les épreuves ont fait émerger de nous ?

Dans ma vie, j'ai gagné en indépendance, en ouverture d'esprit, en sang-froid, en observation, en compassion, en force… J'ai compris que chaque rencontre a son sens, qu'elle soit agréable ou désagréable. Se surprotéger, essayer d'éviter les épreuves nous empêchent bien souvent de recevoir l'apprentissage dont nous avions besoin, alors sous d'autres formes, l'épreuve se représente inlassablement… En affrontant mes peurs, aujourd'hui, je suis là, je m'en suis sortie et enfin je m'aime. Les défis sont de formidables opportunités travesties.

Et partout, tout le temps, dans tous les petits gestes du quotidien, l'amour.

Y croire. Toujours.

Se relever. Encore.

Chercher et puiser son courage.

Malgré cette solitude si souvent éprouvée, je sais maintenant que je n'ai jamais été seule, Jésus, Léo, papa, Papy, Mamy, Piaps, Granny, toutes mes familles d'âmes et tant d'autres dont je n'ai ni conscience ni connaissance veillent sur moi.

Traverser. Se soigner. Déposer le passé derrière soi. Renaître. Être prête.

Je rencontre enfin cet homme.

Parfaitement connu et parfait inconnu.

J'écris ces dernières lignes dans les volutes délicatement parfumées d'une rose rouge de jardin et d'une fleur blanche de lilas qu'il m'a offertes hier soir.

Rencontres

« La solitude peut être la plus belle des rencontres, celle avec soi-même. »

KHALIL GIBRAN

Premiers rendez-vous

Nous nous sommes rencontrés la première fois il y a quinze jours, nous nous sommes déjà vus trois fois, il veut me voir et me revoir et je suis frappée par sa présence, son charisme. Je lui ai écrit ma vie, je lui ai livré mes secrets, mes épreuves, mes guérisons, et il a compris, je crois, qu'il est mon évidence. Mon récit l'a touché, l'a ému, a résonné avec sa propre histoire, il me dit qu'il a l'impression de me connaître depuis toujours. J'ai un coup de foudre, une évidence, lui est très présent, en séduction.

Je ne dois pas bouger d'un millimètre, je le sens. Le laisser venir.

La foudre et l'impatience !

Quelques jours plus tard, il me propose un verre chez lui, moment divin, nous avons ri, bu une sorte de champagne super naturel puis il m'a fait visiter sa maison, elle est magnifique, cette harmonie m'est étrangement familière, tout me plaît, me touche, m'attire... Puis il m'emmène dîner dans un restaurant japonais délicieux, je n'en reviens pas, tellement il est parfait pour moi. Mais il maintient une certaine distance, un mur invisible.

J'ai un pincement au cœur quand je le quitte, j'ai un ressenti très intense mais indéfinissable.

Et ce matin, la tristesse me submerge, peut-être cette sensation qu'il est tellement tout ce que j'aime que ça me fait peur. Il m'a fallu un sacré courage pour faire ce chemin jusqu'à lui et lui m'observe tranquillement. Et c'est normal, et c'est désagréable.

L'attente est interminable, depuis petite fille le guettant des heures au bord de la rivière jusqu'à aujourd'hui.

J'ai l'impression d'être dans une salle d'attente, juste avant... comme derrière un grand mur en verre, et de l'autre côté, je vois un paysage à couper le souffle. Ce paysage existe, je le vois, mais je ne peux pas y accéder.

Parfois il m'écrit :

— Comment allez-vous ?

Voilà comment je me sens :

J'ai confiance.

Et je doute.

Je me suis mise à nu.

Et me vois observée.

Je me suis dépassée.

Et je ne peux maintenant plus bouger.

Je suis d'une patience infinie.

Et d'une grande impatience.

Je suis heureuse.

Et les larmes coulent sur mon visage.

Je me crois courageuse.

Et me sens si vulnérable.

Je me sais entourée.

Et pourtant, je suis seule.

J'ai besoin de calme.

Et le silence fait mal.

Je sais.

Et je ne sais pas.

Dans cet espace, je respire, c'est mon présent, inconfortable et parfait.

À peine quelques jours de silence de sa part et je me bats avec mes peurs, et je retourne dans ma chambre aux coraux roses, j'ai quatre ans et demi, la punition, enfermée dans ma chambre à attendre.

Ce traumatisme, je l'ai travaillé tant de fois avec des thérapeutes... il est de moins en moins douloureux, il se dissout de plus en plus rapidement, mais je ne comprends pas pourquoi j'y replonge encore. Peut-être fait-il écho à d'autres vies, à d'autres incarnations, à des mémoires transgénérationnelles ? En tout cas, il me pousse à me guérir plus en profondeur lorsqu'il est réactivé. Il a son rôle de toute évidence : attente, enfermement, abandon... Il va falloir que je trouve des ressources pérennes pour sortir plus vite de cette chambre rose.

C'est comme si mon bonheur était dans ses mains à « lui » et ça ne sonne pas juste. J'essaye de me récupérer, je me laisse traverser... mais c'est difficile, j'en ai marre d'être courageuse. Je sais que je pense trop à lui, et je me perds.

Effondrée, je me raccroche aux branches, j'appelle mes amies proches, demande de l'aide, elles sentent mon désarroi, essayent de me calmer, de me faire descendre.

Je reprends mon souffle, du recul, nous avons discuté longuement plusieurs fois, mais en fait, je ne sais presque rien de lui. Ni s'il est en couple, ni si je lui plais. Comment a-t-il vécu ses dernières relations ? A-t-il des peurs ? Des perversions ? Des travers rédhibitoires ? Des casseroles détestables ?

J'ai eu un coup de foudre sur un prénom. Précognition. Une confirmation exponentielle quand je l'ai rencontré.

Maintenant, il faut que j'apprenne à le connaître.

Il y a tous ces ressentis d'autres temps, d'autres mondes, tout s'entrechoque.

Mais ici, sur Terre, aujourd'hui, qui est-il ?

L'âme agit dans la forêt

J'ai repris mes séances, c'est la rentrée, il fait beau, l'été m'a fait du bien.

Il me propose de passer la journée à la campagne, je saute de joie !

La journée que nous partageons ensemble est magique, comme chaque moment passé tous les deux. J'aime ces instants où nos regards se captent et se prolongent. Nous préparons le déjeuner dans une harmonie de gestes et de silences. Affamée de nature, je dévore des yeux, du nez, des oreilles, des mains tout ce qui m'entoure. Je me remplis de chaque chant d'oiseaux, mouvement de feuilles, odeur d'humus, rayon de soleil qui fait des taches de lumière à travers les arbres, le lieu est magique. Nous nous promenons, sa présence large et haute m'impressionne un peu, sa sagesse aussi.

Je me sens comme une enfant, toute petite. D'ailleurs, un des chemins qui traversent la forêt est exactement le même que celui de ma forêt d'enfance en Sologne : les mêmes essences, chênes, bouleaux, hautes fougères, genêts, bruyères, mousses vert fluo, chemins blancs sablonneux... Je suis choquée, comme basculée dans une autre dimension, la similitude est frappante.

Un calme me gagne aussi quand je suis avec lui, chaque silence partagé est une mer de justesse.

Douceur et distance. Il plonge ses yeux dans les miens, longtemps, souvent, un regard entendu...

Pensées créatrices

J'ai l'impression que je commence à recevoir des cadeaux de la vie. De surprise en surprise. Sur plusieurs plans.

J'ai toujours une vie ordinaire et extraordinaire.

Ma vision change aussi, les couleurs sont plus brillantes, vivantes, je ressens la vie partout, doucement l'amour remonte à la surface. Je ressens une tendresse infinie pour les jasmins et les fleurs des champs que j'ai plantés sur mon toit, un respect pour n'importe quel animal, insecte, bactérie. Mon cœur s'agrandit.

J'apprends jour après jour à être plus en conscience, je mets en place une hygiène quotidienne pour maîtriser mes pensées : dès que j'identifie un scénario futur qui a pris source dans mes peurs liées au passé, stop ! j'arrête. J'arrête de faire des torsions arrière, j'arrête d'aller chercher à la cave des valises de mauvais souvenirs pour les projeter dans l'avenir. Je veux partir du principe que rien ne sera plus comme avant. J'arrête de polluer mon présent et mon futur avec mon passé.

Parce que, aujourd'hui encore plus qu'avant, je me rends compte à quel point la pensée est créatrice, et même parfois elle se matérialise dans l'instant.

Je me prépare depuis une dizaine d'années à ce changement planétaire. À ce point de bascule où deux réalités, deux lignes temporelles se côtoient.

Celle qui s'accroche au passé, à la douleur, à la violence, à la victimisation. À ce vieux paradigme qui considère que tout est issu de la matière. Déconnecté de soi.

Celle qui s'élève, s'allège, avec foi et amour en connexion avec un tout.

Je me suis incarnée sur Terre aujourd'hui pour vivre ce grand changement, mais il n'y a plus de temps à perdre. Plus de compromis possibles, plus de zones de confort acceptables. Je ne peux que suivre la vague, sans savoir où elle me mènera. Désormais, je me dois d'être congruente.

Le champ des possibles s'élargit.

Ne pas vibrer le manque, vibrer l'amour.

Depuis un an, beaucoup de changements, Santiago est parti de la maison, j'ai arrêté toute relation « bas de gamme », j'expérimente le vide en moi, le sentiment de solitude n'est plus le même, il devient plénitude, ma propre compagnie a pris de la valeur.

Je ne rase plus les murs.

Pourtant, je le mets, « lui », sur un piédestal, et ça craint. Il va falloir que je me hisse, non pas à sa hauteur, mais à MA hauteur.

The Times They Are a-Changin'

BOB DYLAN

Les jours passent, je glisse, plonge et m'envole sur les montagnes russes de mes émotions.

Mouvements, arrêts.

Le monde binaire du « ceci ou cela » est de plus en plus « ceci ET cela ». Je suis follement heureuse ET désespérée.

Mon livre est en train de prendre forme, j'en rêve depuis des années et il se matérialise.

Celui que je guette depuis toujours est entré dans ma vie.

Est-ce lui ?

Je commence à entrevoir la perfection de la vie, la tapisserie vivante de chaque rencontre, chaque épreuve, chaque décision. Je suis stupéfaite de sa justesse. J'ai des salves de « MERCI » qui jaillissent de mon cœur, je suis émerveillée.

Mes semaines sont rythmées par mes séances, les longues marches en fin de journée, la lecture jusque-là confinée aux week-ends prend le pas sur les séries Netflix, tout bouge dans mon quotidien. Je me sens dans ce grand changement, c'est très puissant, je m'efforce de lâcher même si cela paraît paradoxal.

Je cherche encore à contrôler en maîtrisant mes pensées vers de belles choses. Être complètement confiante est un vrai exercice. Je prie.

The Sound of Silence

SIMON AND GARFUNKEL

Silence.

Là, ça devient difficile.

Depuis plusieurs jours.

Son silence.

C'est éprouvant.

Je fais de mon mieux, mais en relisant ses messages, il dit « chère amie » plusieurs fois ; et si je m'étais fait des films ?

Je doute.

Il souffle le chaud et le froid.

J'ai l'impression qu'il me teste, mais peut-être même pas ?

La peur monte.

Il joue le mystère.

J'ai besoin de clarté.

Hier et avant-hier, je me disais que c'était merveilleux, qu'il voulait que nous soyons amis pour commencer, quelle sagesse ! Mais là, je doute.

J'ai eu l'impression qu'il ressentait la même chose que moi, mais je l'ai peut-être fantasmé.

J'ai vraiment la sensation que je ne peux rien faire, à part avoir une confiance aveugle en nous deux alors que lui ne dévoile rien. Il ouvre grand ses bras en me laissant face à un mur invisible et tangible.

Il m'a dit que la dernière chose qu'il voulait était de me faire du mal. Bizarre...

À nouveau, il alterne le chaud et le froid. Mis à part ces moments de panique, je suis de plus en plus à l'écoute de mon intuition, de ma petite (grande) voix intérieure. À chaque fois que je calme mon impatience, je reçois une jolie surprise.

Vroum, vroum dans les tours !

Souvent, j'ai le vertige.

Mes rêves de maison, de potager, de lire tête-bêche avec mon amoureux sur un bon canapé devant un feu, de vie autonome, de vieillir à deux, bref, tous ces rêves nourris depuis toujours, je les lâche. J'ai deux containers pleins dans un garde-meuble près d'Orléans, et je me suis souvent vue remplir une maison avec mes trésors solognots, mais à l'heure qu'il est, mon avenir est en mouvement, je me fais à l'idée que peut-être, je n'ouvrirais jamais ces containers. Et c'est OK.

C'est finalement une sorte de gymnastique de lâcher-prise, avec dans le balancier la foi, je crois que sinon, c'est impossible !! Remettre et « Que Ta volonté soit faite et non la mienne » ! L'humilité de ne pas vouloir contrôler.

Un message de lui !

Il me propose d'aller à la campagne le week-end prochain.

« *I'll be your mirror, reflect what you are, in case you don't know* »

THE VELVET UNDERGROUND AND NICO

Nous partons avant l'aube samedi en Ganeshmobile. Arrivés juste avant le lever du soleil, très prévenant, il m'installe une chaise longue face à l'horizon où commencent à poindre les premiers rayons du soleil. L'air est piquant, je serre ma tasse de café pour me réchauffer les doigts, réajuste mon plaid sur mes épaules. Et pendant de longues minutes, je fixe l'astre solaire qui se lève doucement, sur lui se surimpose un disque vert, je continue à le regarder, il rayonne un tunnel de lumière vivant, ses rayons s'allongent comme s'il me tendait les bras. La beauté de ce moment me remplit, je suis en train de vivre un instant de bonheur pur. Lorsque le soleil est plus haut dans le ciel, nous partons pour une longue marche, pause au bord d'un étang asséché, à la place de l'eau une végétation dense a poussé. Il s'allonge sur la rive, par terre, la tête adossée à un tronc d'arbre, et devant moi, un champ de trèfles ! À la vue de tous ces trèfles, mon cœur s'accélère, l'excitation monte, me voilà accroupie, balayant des yeux des milliers de trèfles, à la recherche de l'outsider. Quelque chose me calme lorsque je cherche ces rares trèfles, comme une méditation mêlée à une chasse au trésor. J'en trouve un, victoire ! Je le lui donne.

En rentrant de la forêt, je lui raconte un étrange rêve où je suis avec lui à Essaouira, au Maroc, nous dînons tous les deux et, à la fin du dîner, je crache des pattes d'insectes et un bout d'aile de papillon orange et noir. Il me partage son analyse, intéressant, il parle de nettoyage, d'alignement, sur plusieurs plans. Sur le chemin, il s'arrête, se penche et ramasse quelque chose qu'il me tend, un quart d'aile de papillon vulcain, celui de mon rêve, il me le dépose dans la main, je referme les doigts délicatement dessus et il me dit de « reprendre mon propre pouvoir ».

Il me fait miroir, me renvoie à mes incohérences.

Par exemple, je me suis fait vacciner contre le Covid, alors que je ne le voulais pas depuis le début, étant en bonne santé, je préférais attendre que l'on ait un peu de recul. Mon fils qui partait faire ses études en Espagne en avait l'obligation. Par solidarité et esprit de sacrifice, je l'ai accompagné.

Tout ce qu'il s'est passé lors de cette crise sanitaire m'a révulsée, et pourtant j'ai courbé l'échine.

En rentrant de la balade, j'ai besoin de m'isoler quelques instants, moi qui me croyais bien droite dans mes bottes, je réalise à quel point je suis capable de ressentir quelque chose et de faire l'inverse. Je suis choquée. Calée dans le transat, je me mets face à moi-même, je repère mon mental qui me raconte des salades, qui essaye de me faire bifurquer, mais je me remets face à mon manque de congruence. Je ne m'écoute pas encore assez.

J'accueille l'émotion qui vient, la tristesse, je la laisse me traverser, monter jusqu'aux yeux et sortir par des larmes. OK... OK... Que s'est-il passé pour que je ne sois pas à mon écoute ? *Ne t'en fais pas... il est toujours temps de te remettre dans ton axe.* Je suis maintenant apaisée, je peux retourner dans la maison l'aider à préparer le déjeuner, il me prend dans ses bras, je me sens accueillie, tout va bien... Merveilleux déjeuner, rires et légèreté, sieste et silence.

Nous rentrons à Paris à la nuit tombée, toujours pas de baiser, mais une joie, une paix, je me sens pleine, forte et confiante.

Mais comment raconter aux copines impatientes le débrief postcampagne sans qu'elles me déstabilisent par leur déception ?

— Alors ? Vous vous êtes embrassés ?

— Non.

— Merde ! Alors il ne s'est rien passé ?

— De ce côté-là, rien, mais de l'autre, tout.

— Mais c'est bizarre quand même, non ?

— Tu ne peux pas comprendre…

— …

Le début du *car washing*

Le lendemain, je me réveille avec une autre incohérence ! Un éléphant au milieu de mon salon apparaît, j'ai un stérilet hormonal depuis deux ans, celui qui arrête les saignements, je n'ai plus de cycle.

Lors de la loge de la Lune (rite de passage/enseignement du *moon lodge* issu de vieilles traditions amérindiennes/féminin sacré), que j'ai faite juste après la pose du stérilet, j'ai enfin compris l'importance des « règles », des « lunes », et je me suis mise à les aimer. Sauf que je ne les avais plus, de façon chimique et acceptée.

Quelle absurdité !

Une colère monte, contre moi d'abord, puis contre cette contraception que je prends depuis mes 16 ans.

Reprendre mon pouvoir…

Déjà reprendre mes cycles !

« Le concept de la lune comme source de l'esprit créatif fut l'une des premières idées formulées par l'humanité et survit encore aujourd'hui dans certaines cultures. On en retrouve également la trace dans les légendes et les mythologies. Le lien entre la créativité féminine et la lune s'observe dans le cycle répétitif de l'énergie créatrice, dont la forme et l'aspect se modifient au cours du cycle menstruel féminin. Ces énergies offrent à chaque femme la capacité de créer, c'est-à-dire de donner le jour au non manifesté, qu'il s'agisse d'une idée, d'un savoir ou de la vie elle-même. L'énergie créatrice sert de passerelle entre les mondes visible et invisible, et s'exprime à travers l'intellect, les émotions, les intuitions, le subconscient ou le corps, selon la face concernée du cycle féminin. La créativité, la sexualité et la spiritualité des femmes sont perçues comme émanant de leur corps et de ses rythmes ; les énergies créatrices en lien avec leur sexualité sont reconnues comme principe fondamental du cycle menstruel qui renouvelle la vie chaque mois... »

Lune rouge, Miranda Gray

J'ai encore un ou deux ans avant la ménopause, me relier à la femme en moi, aux femmes, au féminin sacré.

Trois jours plus tard, j'ai rendez-vous chez ma gynécologue pour retirer ce stérilet, et réaccueillir mes cycles, mon propre nettoyage, mon corps, ma nature.

Alignement.

J'ai toujours su que lors de la rencontre avec cet homme, je devrais passer par une phase de préparation. Je pensais qu'avec tout ce que j'avais traversé, je serais prête, mais je réalise maintenant que je ne le suis pas encore.

Une force intérieure me pousse à aller plus loin, je n'ai pas le choix.

Famille à griffes

Ma mère, qui vit à l'étranger depuis deux ans, vient à Paris. Je la vois environ une fois tous les six mois.

Nous dînons ensemble, ma mère m'inquiète, comme toujours, elle me paraît perdue, en mauvaise forme, fragile, et je ne peux m'empêcher d'essayer de l'aider, de la sauver. Depuis la mort de Léo, elle n'a plus de racines, girouette, elle passe d'une ville à l'autre, d'un pays à l'autre, cherchant un endroit parfait, donc inexistant. Je la vois fragile, alors qu'elle tire une force inouïe dans le fait que presque tout glisse sur elle comme sur les plumes d'un canard. Elle est dans sa bulle... Je me sentais en paix avec ma famille réduite à ma mère et à mon frère, mais des relents de non-dits, de vieilles rancunes refont surface. Les décisions de ma mère de changements de vie (encore) sont prises trop vite, mon frère est excédé, il m'en tient responsable. Ses mots dépassent ses pensées, il hurle au téléphone qu'il ne veut plus jamais me voir. Embrouilles et brouilles familiales. Déchirement, encore...

Pause, mère, frère, je vous aime, mais à nouveau de loin. Nous reprenons chacun de la distance, alors que je me rapproche de ma famille choisie ici, de mes amis et de ma famille plus large : d'âmes.

Et lui aussi, il est loin... Il répond à mes messages avec des phrases courtes et sibyllines. Je boude.

Je traverse seule, même si je sens toujours du soutien dans le monde « invisible ».

Nuit noire de l'âme

L'amoureux platonique me parle de la « grande Belen ». Je ne vois vraiment pas comment je vais être grande, encore plus moi. Je ressens une pression intense... Alors que je croyais être arrivée, que j'allais enfin pouvoir goûter à un peu de repos, souffler dans les bras de celui que j'ai enfin rencontré, eh bien non.

Il va falloir sauter plus haut.

Beaucoup plus haut.

Plonger plus en profondeur.

Beaucoup plus en profondeur.

Et vraiment, vraiment j'ai le vertige.

Pire que ça.

Désespoir :

Je ne vais jamais y arriver !!

Je hurle en silence.

J'ai l'impression que je vais crever.

Je pleure.

Je n'arrive plus à respirer.

Je ne sais pas ce qu'il m'arrive.

J'ai la respiration d'un agonisant.

Elle s'arrête longtemps et reprend dans un long râle.

Sois douce avec toi.

Ma respiration m'échappe.

Je ne contrôle plus rien.

Je meurs...

Il s'est passé quelque chose ce soir.

Quelque chose est sorti de moi, hurlements silencieux, comme une douleur, des larmes, des mémoires, des poches émotionnelles, des souvenirs d'ici et d'ailleurs, une respiration saccadée, rare. J'ai eu la sensation de mourir, je suis vidée. Plus de force, à peine pour écrire. Dormir.

Le réveil a sonné, la porte s'est ouverte

Je commence à comprendre ce qu'il s'est passé hier soir.

Plus de compromis possibles.

Je suis passée par plusieurs salves de douleurs de l'intérieur et d'attaques violentes de l'extérieur avec des répercussions intérieures. C'était très violent.

Ce matin et pendant la journée, des larmes et la lumière. Ça s'ouvre...

Je comprends, je vois plus large, plus haut.

Une porte s'est ouverte sur le haut de mon crâne.

Je me laisse traverser.

Je suis reliée maintenant.

Reliée à ce moi plus grand que moi.

Cela est.

Ouverture.

Lumière.

La transformation s'opère plus en profondeur encore...

Dans cette zone où plus rien n'est comme avant, inconnue, plus de filet de sécurité, je lis un livre que j'ai reçu comme par hasard la veille, *Les Danses de l'âme* de Lena Favre. Ce livre est pour moi un révélateur de connaissances enfouies, je lis les quatre cent cinquante pages en quelques heures, tout en annotant tout le livre !

Tout ce qui était en moi est maintenant réactivé.

« Au sein de cet univers multidimensionnel, ce que vous considérez comme le futur est simplement le fruit de vos intentions présentes. Chaque pensée, chaque émotion a une énergie vibratoire particulière, qui génère ce que vous vivez et vivrez. Toutefois, tout est modulable et réajustable à chaque seconde. »

Les Danses de l'âme, Lena Favre

L'élément Feu

J'ai toujours bu énormément d'eau, ce qui fait de moi une pisseuse, mais bref, je bois, je bois, je bois.

Je n'aime pas l'eau du robinet et j'habite au sixième étage sans ascenseur. Avant l'été, j'ai acheté un purificateur d'eau, comme la carafe à fleur de vie et autres choses, c'était là, inactif, attendant son heure. Mais aujourd'hui, je passe à l'action. Plus de bouteilles en plastique d'eau d'Evian (… déviant ?), et d'ailleurs plus de plastique.

Ce qui deviendra un geste quotidien : remplir les bacs du purificateur d'eau, puis remplir les carafes, puis remplir les verres… me fait manipuler de l'eau très souvent.

L'eau…

J'ai depuis toujours trop de feu, yang, et pas assez d'eau, yin, en moi. Trop dans l'action. Et ce que je fais à l'intérieur de ma maison fait écho à l'intérieur de moi.

Ne pas bouger avec lui, le laisser venir, me met dans mon yin, le principe féminin, l'accueil.

C'est aussi en cela que je me dépasse. Cela n'a rien d'un réflexe, ça me demande un effort gigantesque.

Calmer l'action, être dans l'accueil.

Je suis maintenant dans l'accueil « ET » dans l'action, plus dans le « OU ».

La menotte transgénérationnelle

À propos d'amour, je porte depuis dix ans un bracelet en or qui s'appelle Love et qui ne se retire qu'avec un tournevis adapté, je ne l'ai jamais retiré.

Mon père a offert ce bracelet à ma mère au début des années quatre-vingt, elle l'a porté pendant quinze ans, puis Léo, ma sœur, l'a porté une dizaine d'années, et ce fut mon tour.

Je me rends compte à quel point ce bracelet m'étouffe. Est-ce parce que je ne peux pas le retirer quand je veux ? Parce qu'il est si rigide qu'il me blesse parfois le poignet ? Parce qu'il parle de ma lignée féminine ?

Il ne s'enlève pas facilement.

Toute une symbolique.

Je l'ai enlevé.

Je m'en déleste.

Je retire ces chaînes, les unes après les autres. Je sens que chaque décision actée dans ma vie pour reprendre mon pouvoir de femme fait bouger mes lignées d'ancêtres, je sens leur présence soutenante à chaque fois que je récupère une faculté, que je me rends justice.

J'ai réalisé que les deux cadres d'objets en plumes d'Amazonie étaient mis dans le mauvais sens au-dessus de mon lit, celui qui symbolisait l'homme par une longue plume bleue était au-dessus de ma tête, celui qui symbolisait la femme par un rond de doux duvet jaune était de l'autre côté. Je les ai inversés.

Le symbole féminin au-dessus de là où je dors, le symbole masculin au-dessus de la place pour l'homme qui viendra.

Je reprends mes bouts de femme éparpillés à droite et à gauche.

Retrait du stérilet.

Pause avec maman.

Retrait du bracelet Love.

Réception/accueil.

Eau.

Yin…

Lui est à nouveau dans une phase de silence après des messages poétiques et magnifiques, ce n'est jamais très confortable.

Je me pose tout de même la question : sa façon de m'écrire chaque jour, puis de ne pas répondre à mes messages, ses chauds et ses froids, son attention et ses silences… J'espère que je ne me fourvoie pas.

Cela fait douze fois que nous nous voyons depuis mi-août.

Je ne sais toujours pas s'il veut avoir une histoire d'amour avec moi. Je sais qu'il ne veut pas « réduire » notre « relation » à un seul plan, mais pourquoi ne pas être amis et amants et… et… ?

Je passe par des hauts et des bas, quelques moments neutres, à peine.

C'est émotionnellement épuisant pour moi.

Et moi, j'ai beaucoup à faire

J'arrête les bêtabloquants que je prends tous les soirs depuis trois ans afin de calmer mes douleurs cervicales. Après avoir fait des scanners, des IRM et d'autres examens, après avoir eu rendez-vous avec des spécialistes, aucune solution n'est apparue côté médecine allopathique. Je me libère de cette camisole chimique qui faisait battre mon cœur plus lentement. Les douleurs mutent dans mon corps, elles passent des cervicales aux lombaires, continuez votre chemin, je fais confiance à mon corps.

Depuis que j'écoute cette partie de moi plus sage, mes séances ne sont plus pareilles. Lorsque je reçois un consultant, je laisse mon moi supérieur aux manettes, je me fous de rester dans les clous, je déborde, je laisse le flux me traverser. Je lâche, je laisse faire et, ô miracle, les informations arrivent avec une telle évidence ! Les séances prennent une autre tournure : plus rapides, plus efficaces, et en plus tellement moins fatigantes... Comme si mon mental n'était plus aux commandes, comme si une voix parlait à travers moi, et je sais maintenant que mon travail à la fois de thérapeute et de guérisseuse passe par plusieurs voies. Ce n'est ni l'hypnose, ni l'EMDR, ni le Pranic Healing, mais plutôt un ensemble autonome appelé par l'intention, et surtout l'accord du consultant à aller mieux et à lâcher la victimisation. Tant que le consultant s'identifie à « son problème », il ne lâchera pas. Alors, je fais miroir...

Je n'ai plus cette volonté épuisante de trop donner de moi-même, je laisse nos deux « soi supérieurs » travailler ensemble, s'accorder, et ce qui doit bouger bouge. Et comme par hasard, c'est mille fois plus efficace !

C'est l'automne, les arbres perdent leurs feuilles

Même si cela s'est fait *crescendo*, ma façon de me nourrir se transforme complètement. Depuis des années, pour manger de la viande, il fallait que je me coupe de ma conscience. Et je le faisais facilement. Quand Santiago est parti, j'ai commencé à réduire, mais je continuais à manger du jambon et du poulet. Mais aujourd'hui, je ne peux plus. Si je suis invitée à partager un repas et qu'il y a de la viande, je ne refuserai pas, mais mon corps depuis quelques semaines ne me réclame que des fruits et des légumes, quelques œufs, poissons, noix et graines germées. Et enfin, je m'écoute. Je jeûne seize à dix-huit heures par jour, et je me sens tellement mieux, plus légère, plus de coup de barre après le déjeuner, et quelques kilos en moins. Ce n'est ni un régime ni un effort, juste une écoute et un respect de mes besoins.

Se passent dix jours sans que nous nous voyions. Nous communiquons parfois par messages, quelques échanges drôles ou profonds. Mes angoisses liées à mes doutes et à ses silences s'apaisent, je panique de moins en moins.

Et cette force qui me pousse continuellement à m'aligner !

Qu'est-ce qui gratte encore ?

Tout ce que j'accumule dans ma maison depuis dix ans ! Je commence à vider les dizaines de boîtes, tubes ou contenants en plastique de ma cuisine, de ma salle de bains. J'évacue tout ce qui a de mauvaises vibrations, ce qui fait mal à la Terre, ce qui pollue. Quand est-ce que l'être humain va reprendre son humanité ? Suis-je la seule à être choquée d'entendre que l'on nous appelle des « consommateurs » ? Coline Serreau avait raison quand elle appelait au boycott de la grande distribution ! Je resserre mes besoins. L'absurdité de bosser pour se payer des trucs dont on n'a pas besoin !

Je trie les livres de ma bibliothèque dont la moitié est obsolète ou ne vibre plus avec moi. Sur la grande table du salon, neuf piles d'une quinzaine de livres trônent depuis un an, je suis boulimique de livres, ou du moins je l'étais. Je sors des toilettes des piles de magazines poussiéreux, et vide chaque recoin de ma maison d'objets accumulés par peur de manquer. Avec ma ceinture lombaire, je descends du sixième étage cent cinquante livres et dix sacs-poubelle (triés) à donner. Mon appartement se vide, s'éclaire, ce que je garde est aligné avec moi. La lumière circule, les énergies aussi. L'harmonie s'installe. Je ne comprends pas bien comment j'ai fait ça toute seule, je rigole, quelle libération ! Quelle joie !

Cimetière à paillettes

C'est dimanche, ce matin, j'ai tout à coup eu un besoin absolu d'aller voir l'urne funéraire de Léo au Père-Lachaise. Cet hiver, au mois de décembre, elle sera morte depuis dix ans, pour moi elle n'a jamais été là, dans sa petite boîte au milieu de cet immense cimetière. Et jusqu'à ce matin, je n'ai jamais éprouvé le désir d'y aller... Je suis partie au marché, j'ai acheté des tonnes de fruits et de légumes, au retour, j'ai eu Christèle, je lui ai demandé si elle avait eu des *news* de Léo récemment, Léo est assez silencieuse depuis deux ans, et comme par hasard Christèle a parlé de Léo ce matin à sa fille Klara, et c'était la première fois ! Elle m'a dit : « Oui, vas-y !! » J'ai hésité car je n'avais pas son numéro d'urne ni aucune info sur son emplacement.

J'y vais quand même, en mettant le contact de Ganeshmobile. La musique se lance toute seule, les enceintes à fond : *I Feel Love* de Donna Summer, en boucle. Inutile de préciser que je n'écoute jamais cette chanson même si je l'adore...

J'écris un SMS à Christèle, elle est dans le métro, elle m'envoie une capture d'écran de son portable, elle écoute aussi *I Feel Love* de Donna Summer ! Au même moment !

Incroyable !

Au bout de trois passages, j'éteins la musique, souffle, l'émotion monte, il y a quelque chose d'assez symbolique qui se joue. Au feu rouge, un vélo s'arrête à côté de moi avec une enceinte sur le guidon qui diffuse à fond... *I Feel Love* de Donna Summer !

J'éclate de rire !

Oui, ma Léo ! Je t'entends ! Moi aussi, I feel love *!!* Je ris et les larmes coulent sur mes joues.

Je me gare près du Père-Lachaise, encore une fois j'aurais pu avoir une place beaucoup plus près, mais je suis encore trop timide (quand est-ce que je ferai complètement confiance ? J'ai toujours une place pile devant ma destination quand je le demande). J'arrive au cimetière, il y a beaucoup de touristes, nous sommes début octobre et il fait un temps magnifique, je cherche un plan et me dirige vers le columbarium. Ce sont quatre immenses bâtiments de pierre blanche, les niches et plaques des défunts sont sur les murs extérieurs côté cour, et ils ont chacun plusieurs niveaux de sous-sol avec des dizaines de couloirs. Je n'ai aucune idée de l'emplacement de celle de Léo. Je cherche dans un des bâtiments, je commence à lire tous les noms... C'est gigantesque, je suis un peu désespérée même si je sais au fond que si elle m'a fait venir là, ce n'est pas pour rien. Je m'adresse à un gardien, il me dit qu'il faut demander à l'administration qui est fermée le dimanche bien sûr, je lui dis que je vais trouver, il rigole en me disant : « Impossible ! Vingt-sept mille urnes, madame !! Vous ne trouverez jamais ! »

Il y a des escaliers devant moi, ils descendent vers un des sous-sols, je demande à Léo de me guider, je m'arrête au premier niveau, vais vers la droite, je passe devant le premier corridor, tout est si sombre... Ils font environ une trentaine de mètres, il y a une loupiote de temps en temps, quelle ambiance... Puis je passe devant le deuxième corridor... non... le troisième... non... le quatrième... non... Je m'engouffre dans le cinquième, je ne regarde ni le mur de droite ni le mur de gauche, je vais tout au fond, et sur le mur de face, sa photo.

Je sens alors une énorme poche de mémoire émotionnelle qui me traverse, ainsi que de lourds sanglots. Je comprends qu'une sépulture a vraiment un sens. Peut-être qu'en n'étant jamais allée voir son urne, sachant les cendres de son corps dedans, j'avais gardé une petite part de déni ? Finalement, le deuil continue, et même si nous nous serions probablement engueulées mille fois en dix ans, son absence physique me manque.

Léo m'a guidée, m'a accompagnée sur ce pèlerinage, c'était un défi impossible sans elle ! Un coup de chance ? Non, je n'y crois pas, je sais que nous nous croyons seuls mais que nous ne le sommes pas. Je sens l'humour et la tendresse de Léo.

Je suis calmée, vidée, épuisée, je me sens tellement faible en rentrant à la maison. Je me suis peut-être aussi fait pomper mes énergies par quelques défunts affamés qui erraient au Père-Lachaise... Je me nettoie énergétiquement et me couche sereine avec un profond sentiment de justesse.

La peur mange l'âme

Mes semaines sont rythmées par mes séances, les soirs, je sors rarement, ma vie se dépouille, je lâche prise pour être.

Je suis une sorte d'ermite en plein Paris.

L'énergie de « nettoyage » se calme alors que ma maison se vide.

Mon corps me fait souffrir, me parle, j'ai encore trop d'attentes.

Et des peurs.

Quelles sont mes peurs ?

– Peur de la solitude : vais-je me retrouver seule dans Paris, avec tout mon intérieur en bois et en verre, ma maison bien rangée, dans un grand silence ?

– Peur de ne pas être à la hauteur.

– Peur du rejet.

– Peur de manquer.

– Peur de l'inconnu…

Mes peurs, je les regarde, et au besoin je plonge dedans, toujours de vieilles mémoires émotionnelles à vider, la petite fille à rassurer, l'ego à chatouiller…

Je suis mon intuition, et souvent sans savoir où cela me mène.

Je ne peux plus faire appel à un médium, un psy, un thérapeute, j'ai essayé, mais à ce stade, je dois avancer seule et ce n'est pas confortable.

La barbe !

Encore un énième dîner, moments délicieux, discussions profondes et regards intenses. Et rien.

Comme il est très, très mystérieux et bien perché, les réponses à mes questions me plongent encore plus loin dans la mélasse, j'ai à la fois la sensation d'être unique à ses yeux et presque rien.

L'amour doit rendre libre

Le lendemain, ça *process*... l'ouverture en haut de ma tête est bien large... le flux de mon moi supérieur, mon chef d'orchestre, me traverse.

« Pas d'attentes, pas de projections. »

J'ai toujours aspiré au couple sacré, à une version beaucoup plus haut de gamme de la relation, mais le défi est immense. Dépassement... dépassement...

Il faut que j'y arrive ! Mais ce n'est pas humain ça.

Quand tu aimes, comment ne pas avoir d'attentes ?

Mais est-ce ça l'amour ?

Le processus est déjà en marche... je le sens... je me relie à moi.

« L'amour qui rend libre. »

Je me sens femme, plus du tout inférieure à lui, mais sur un pied d'égalité.

Je n'ai plus peur de le perdre car je me suis trouvée.

Fugue à Groix

Un long week-end de novembre se profile, il reste très vague sur son programme, tout est toujours ouvert, le champ des possibles bien devant, mais pas de proposition.

Je m'organise un départ pour l'île de Groix.

Je tape dans mes économies, partir au dernier moment est toujours plus cher, mais je suis heureuse de retrouver ceux que j'aime, prendre un bon bol d'air marin, me gorger d'iode et de chaleur humaine.

En arrivant sur l'île, c'est d'abord aller dire bonjour à tout le monde, oncle, tante, cousines, amies, connaissances, commerçants. C'est aller sur la petite crique mystique pour m'allonger sur le sable, regarder l'océan et écouter les vagues s'écraser sur le rivage. C'est tomber en arrière et regarder le ciel, les mouettes qui volent en gueulant.

C'est sentir le vent, le soleil et la pluie tour à tour caresser et fouetter mon visage.

C'est courir acheter quelques pommes de terre qui poussent ici, et dont la chair a presque un goût de châtaigne.

C'est me dire : *Ça y est, je suis une grande, je peux, moi, décider de venir, prendre ma Ganeshmobile, trouver une chambre, être seule et être bien.*

C'est la Toussaint, il fait beau sur l'île, je passe quelques jours très doux, mais je suis impatiente d'avoir le cœur net sur cette romance informelle, pas de contours et beaucoup de doutes. Nous avons rendez-vous à mon retour.

Quatre-vingt-dix jours

Je retrouve celui qui souffle le chaud et le froid, je suis calme, décidée à lever le voile.

Cela fait trois mois que nous dînons ensemble une fois par semaine, qu'il m'écrit presque tous les jours, qu'il m'envoie des photos de paysages, de lui, de son fils et lui, qu'il m'apporte des fleurs, des roses rouges, qu'il décore sa table et mon salon de pétales, de bougies, qu'il me fait des dîners magiques et me dit des choses merveilleuses sur moi, qu'il me fait passer des journées délicieuses à la campagne et me regarde longuement dans les yeux... Je l'ai toujours laissé venir, j'ai gardé ma ligne de conduite, mais finalement cela est bien plus douloureux que bénéfique, je suis en situation d'attente. Je ne suis pas sûre que ce soit ça l'amour ! Il sait ce que je veux savoir, il a mis une jolie table dehors dans le jardin, des fleurs du jardin dans un verre, a allumé un feu dehors, un autre dans la cheminée à l'intérieur de la maison, il sait à quel point j'aime le feu. En premier, il me remercie de ne pas lui avoir sauté dessus. Pardon ? Moi ?

Lui sauter dessus ? Je n'aurais jamais fait ça !

Il commence à m'expliquer qu'il ne veut pas réduire notre histoire à une histoire d'amour, que c'est bien plus grand que ça... bla... bla... bla... que j'aurais dû comprendre, que s'il avait voulu que nous soyons amants, amoureux, il ne se serait pas conduit comme cela avec moi... qu'il pensait avoir été clair... mais que peut-être un jour... mais que c'est trop tôt... Au bout d'une heure, fatiguée de ses incohérences, je lui demande :

— C'est simple, répondez-moi : êtes-vous attiré par moi, oui ou non ?

Il me répond (et là, c'est l'embrouille...) :

— ... Ce n'est certainement pas non... mais c'est compliqué...

Déchirement. Nous sommes assis sur l'herbe au coin du feu, il fait maintenant nuit, le froid est mordant, ma gorge se serre.

Je reste calme, je suis choquée, il est prostré.

Je me lève, il est temps de partir, je ne peux plus retenir mes larmes, il est recroquevillé sur lui-même, fixant le feu, j'ai ma réponse tant attendue et la réponse, c'est non.

Je ne comprends rien.

Pourquoi m'a-t-il fait la cour pendant trois mois ? Suis-je complètement conne pour n'avoir rien compris ? Pourtant, c'est une énorme entreprise de séduction qu'il m'a faite. Et je lui ai fait lire mon histoire, tout en transparence, chaque page que vous lisez, il l'a lue. Il était complètement conscient des sentiments amoureux que j'avais pour lui. S'est-il moqué ? M'a-t-il manipulée ? Pour quoi faire ? Pour son ego ? Délire narcissique ? Est-il pervers ?

Tout s'écroule.

J'ai l'impression d'avoir été escroquée.

Lâcher prise, le graal

J'apprends vite, comme toujours.

D'abord, une énorme claque dans la gueule, je souffre intensément, tout de suite. Et très vite ensuite, je me relève.

Mon cœur a pris un coup, mon ego aussi. Je me sens l'idiote du village. Puis je me dis que cet homme est trop perché, trop compliqué, trop mystérieux, il est dans des sphères qui ne sont pas les miennes, étant une bonne partie de la journée en transe pour mon travail, je suis aussi très ancrée, je suis là, sur Terre, à vivre ma vie... et je commence à lâcher. Au fond, c'est grâce à cette rencontre que j'ai eu envie de raconter mon histoire et que j'ai réalisé que j'étais en paix avec mon passé. Et cela m'a poussée dans mes derniers retranchements, m'a forcée à me dépasser, à aller voir mes ombres, mes blessures que je croyais guéries. Il m'a câblée, je peux enfin ressentir de l'amour pour un homme.

Mais cette fois-ci, je lâche encore plus.

Mon prochain challenge : changer ma solitude en plénitude.

Ne plus attendre.

Ne plus vouloir combler quelque chose en moi, parce que vouloir combler voudrait dire que je ne me sens pas complète. Chercher ma complétude.

Nous vivons ce que nous vibrons.

Une sorte de loi de l'attraction, mais plus exacte.

Qu'est-ce que je vibre depuis des années ?

Je réalise alors que le fait de vouloir être en couple depuis dix-huit ans, non, depuis toujours, m'a fait vibrer du manque et de l'attente.

Du manque, car je ne me sentais pas suffisamment pleine, que j'avais probablement la trouille d'être avec moi-même, que j'ai essayé de me fuir à tout prix, que je ne me trouvais pas suffisante. Et pourtant, je suis la femme de ma vie !

De ma naissance à ma mort, je vais être en ma propre compagnie ! Ne serait-il pas temps de t'apprécier vraiment ? Et de l'attente… beaucoup d'attentes. J'ai donc attiré de la déception, beaucoup de déceptions, l'autre face de la médaille.

Les histoires que j'ai vécues n'étaient que la réponse à ce que je vibrais. Je vibrais du manque et de l'attente, je vivais la solitude et la déception.

Ce rêve d'amour, de couple sacré que j'avais depuis l'enfance, je suis enfin prête à l'abandonner.

Mon intention, c'est de le vivre un jour, mais si cela se passe autrement, si mon plan d'incarnation c'est finalement le célibat, eh bien, c'est OK.

Ma phrase de lâcher-prise qui va maintenant m'accompagner chaque jour afin de relâcher ce besoin de contrôle sera « C'est OK ». Je lâche les peurs, aussi. C'est fondamental.

Ce besoin de contrôler que j'ai depuis toujours, je l'abandonne. Je ne prévois plus à l'avance, je n'essaye plus de parer à de futures déceptions.

« MON INTENTION, C'EST… MAIS SI CELA SE PASSE AUTREMENT, C'EST OK » devient mon mantra.

J'accepte de ne plus savoir.

J'accepte que je ne sache peut-être pas ce qui est bon pour moi. Et comme je l'ai fait durant des mois, je confie la moitié du job à plus grand que moi.

Leçon d'humilité : je ne suis pas le seul maître à bord. Je retire l'attente qui crée une couche épaisse dans mon aura. J'allège et je laisse surtout aux commandes mon moi supérieur.

Je ne veux pas être un paratonnerre qui se prend pour la foudre. Ça me traverse.

À partir d'aujourd'hui, je laisse mon moi incarné prendre 50 % du job, et je laisse 50 % à mon moi supérieur, guides, anges, Jésus...

Je ne suis plus seul maître à bord.

D'ailleurs, je ne me sens plus seule, je commence à drôlement apprécier ma compagnie !

Je ne fais plus ce que je ne sens pas. Je vois ceux que j'ai vraiment envie de voir, et souvent, c'est juste moi !

Accepter enfin que je n'attende plus le « prince charmant » m'allège tellement !

J'ai un petit pincement au cœur quand j'y pense, mais c'est OK. Mon intention, c'est un jour ressentir l'amour, mais si c'est autrement, si je ne le vis pas, c'est OK.

Ce plus grand que moi sait ce qui est bon pour moi, et cette phrase de la Bible « Que Ta volonté soit faite et non la mienne » résonne.

Leçon d'humilité.

Je lâche.

Et à tous les niveaux.

Quand on lâche, ce sont surtout les peurs, car ces peurs apportent l'attente, demandent le contrôle, nous condamnent comme imparfaits.

Pour lâcher prise, il faut avoir confiance, sans cela, c'est impossible. Je me rends compte alors que ce cheminement spirituel m'a emmenée là. Ces exercices répétés chaque jour, ces compréhensions à chaque fois plus en profondeur.

Et enfin embrasser l'inconnu.

Pas le bel inconnu rencontré à un dîner !

L'inconnu.

Moins de projections.

Plus de contrôle.

Être alignée, c'est tout.

Que mes actes reflètent mes pensées, que mes pensées reflètent mon cœur.

Lâcher prise devient mon plus précieux trésor. Et à chaque fois que je desserre les doigts sur quelque chose, un miracle se produit, comme une réponse parfaite à ce mouvement.

J'avance alors avec le vertige, celui de ne pas savoir où je vais, mais de toute façon le contrôle était une illusion. Chaque projection est une illusion, chaque besoin de contrôle pour me protéger était une prison.

Parfois, comme pour sauter en parachute, sur le rebord de l'avion à 3 000 m d'altitude, je me dis : *Mais tu es complètement folle !*

Et quand j'atterris, j'ai un sourire bourré d'endorphine, d'adrénaline et de sérotonine.

L'alchimie de la vie

Je ne veux plus entendre parler d'amour depuis des mois. Je suis quand même bien calmée depuis cette histoire dont je n'ai pas l'explication. Mes attentes s'épurent, je prends ce qui vient et qui me convient.

Mon travail de thérapeute est de plus en plus fluide, quand je suis face à un consultant, je lâche ma volonté, mon mental, et je me laisse traverser par ce que je ressens, par ce que j'entends. C'est surprenant, mais c'est souvent pertinent même si les informations que je perçois semblent *out of the blue!*. Cette sensibilité qui me pesait devient mon meilleur allié, j'ai appris au fil du temps à l'utiliser. Je sais que mon rôle est d'accompagner et d'éclairer à ma façon ceux qui viennent me voir. Je n'entends pas de voix, mais une force qui me dépasse et me guide passe à travers moi et pour le bien, le bon et le beau !

Chaque épreuve vécue et traversée m'a apporté tant de force et de clairvoyance, je les bénis... Mon travail est une évidence et mon agenda est toujours plein. Chaque consultant arrive avec son histoire, parfois, elles sont si douloureuses que je ne sais pas si je vais pouvoir allumer une petite étincelle qui va relancer le pouvoir d'autoguérison de la personne en face de moi. Il m'arrive d'avoir le vertige, s'activent alors en moi l'écoute et la compassion, et la séance plus organique que protocolaire commence. Chaque expérience, chaque prise de conscience et chaque compréhension de ma vie me sert, ce chemin chaotique depuis l'enfance est un outil formidable. L'alchimie que j'ai opérée à chaque coup dur m'a montré le processus de chaque transformation. J'ai commencé l'exploration très jeune grâce à ces mémoires certes encombrantes, mais qui m'ont donné une vision élargie de la réalité. Il y a eu beaucoup de moments douloureux, mais tellement enseignants, je ne changerais pas une seconde de mon vécu.

Colorama aurique

J'ai toujours vu les auras, c'est-à-dire la couche énergétique protectrice des gens. Mais juste la première couche légèrement blanche de cinq à dix centimètres qui enveloppe le corps. Maintenant, il m'arrive fréquemment de voir l'autre aura, celle qui peut être très colorée, rose fuchsia, vert pomme, jaune vif, rouge... Cela se produit d'une façon complètement sporadique. Chaque couleur a une signification, donne des informations sur l'état émotionnel, mental ou spirituel dominant. Quand, lors d'une séance, mon consultant est entouré d'une belle aura verte large d'une trentaine de centimètres, je sais que c'est lié à son chakra du cœur qui est vert, elle représente alors la guérison émotionnelle et la croissance personnelle. Lorsque son aura est jaune, c'est donc lié à son chakra du plexus solaire, jaune, je sais alors que l'estime de soi et le pouvoir personnel de mon consultant sont en train de bouger, de grandir. La taille, la brillance de l'aura me donnent alors une indication assez juste sur l'efficacité de notre travail.

Embrouilles et débrouilles

Après toutes ces prises de conscience, pour bien nager avec le courant, je ne veux plus de vieux sacs lourds accrochés à mon dos.

Nous sommes en froid avec mon frère depuis quelques mois, et ça me fait de la peine. Peut-être des soubresauts de ce sang espagnol qui se repaît des colères. Je l'appelle un matin, il fait froid et beau, je sirote un café en terrasse, je suis mon élan. Nous parlons d'un sujet épineux, je sens sa tendresse et ça me fait fondre, s'il y a bien quelqu'un que je sens dans ma chair autre que mon fils, c'est mon frère. Léo n'est plus avec nous, même si je la sens souvent auprès de moi, nous ne sommes plus que nous deux. À la fin de la discussion, je lui dis que je l'aime, il me répond : « Moi aussi », et ça me touche, j'ai les larmes aux yeux et le cœur plein.

Depuis plusieurs semaines, je pense aussi à mon beau-père : Boris, nous ne nous parlons plus depuis la mort de ma sœur, nous avons de vieilles rancœurs. Mais le temps passe, j'ai vraiment envie de mettre toutes les mauvaises choses derrière, en parler ne servirait à rien, nous avons chacun notre « réalité » et sûrement tous les deux tort et raison. Il y a eu beaucoup de moments difficiles, mais aussi de bons moments, ce sont ceux-là que je veux garder, nous nous sommes côtoyés presque vingt-cinq ans, il a su aussi être chouette. Je lui envoie un mail, il me répond aussitôt, nous sommes tous les deux heureux d'être à nouveau en contact.

C'est souvent si facile. Quand je laisse mon ego de côté, quand j'écoute mon cœur, il suffit d'un appel, d'un message pour se réconcilier, remettre en état, rétablir, adoucir. Avoir des limites, se faire respecter, tenir à distance des relations toxiques, c'est indispensable, mais nourrir de vieilles brouilles, camper sur ses positions coûte que coûte vont à l'encontre de ce mouvement fluide et doux de lâcher. Ce mouvement m'allège, me libère, m'apaise... À plein d'endroits du quotidien, je desserre les doigts, je n'organise plus mes vacances à l'avance, on verra. Dès que je prends une décision par peur, j'abandonne la peur et j'embrasse l'inconnu. Elle revient au début, toujours plus forte que la confiance, mais je me laisse maintenant porter par le sens du courant.

Les derniers cailloux, retour à la case départ

On se crée un modèle inconscient de ce qu'est un père, une mère et par là même de ce qu'est l'homme et de ce qu'est la femme. Et on fonctionne à partir de ces modèles.

Tout va bien, Santiago vit sa meilleure vie en Espagne, mon quotidien est serein, à la fin de la quarantaine, je ne me suis jamais sentie aussi bien. Je sens une plénitude jusque-là jamais ressentie, je me trouve belle, ménopausée depuis plus d'un an, j'aime mon corps, et je remercie ma bonne constitution parce que je n'ai eu aucun des symptômes désagréables.

Cependant, quelque chose me titille... Je sens que je pourrais aller un peu plus loin. Je reprends rendez-vous avec Carnita, ma psychologue clinicienne et médium.

J'ai fait avec elle une thérapie quelques années auparavant, sa double casquette offre une dimension holistique. J'apprécie sa grande humanité, sa profonde spiritualité et son intelligence laser ! Elle n'a pas du tout l'air surprise que je l'appelle, je pourrais même presque l'entendre se frotter les mains.

— Ahhhhh, tu es prête, Belen ? On peut y aller ?

Ben... oui !

— Voilà Carnita, tout va bien depuis des mois, je me sens mille fois plus libre, plus légère, mais quand même... j'aimerais vivre le couple, l'amour, et je sens comme un blocage depuis toujours. Incapable de tomber vraiment amoureuse. Si je suis tout à fait honnête, depuis mes 16 ans, je vis une sorte de schéma répétitif, et malgré toutes les démarches que j'ai faites depuis des années, je n'en sors pas. C'est pourquoi j'ai arrêté toutes les relations amoureuses, mais je trouve ça trop triste. Tu te rends compte, j'ai divorcé il y a vingt ans ! Ça me fait toujours bondir mais au fond, quand on me demande si j'ai un problème, eh bien, ça me fait réfléchir... Quel est le point commun entre tous mes ex ? Moi.

Donc, au boulot !

— OK, Belen, bon, on va y aller direct alors ?

— Oui ! Allons-y !

La séance avec Carnita est incroyable, très intense. Elle m'a dit que lors de notre première thérapie, à chaque fois que nous allions toucher du doigt le bon/vrai sujet, je changeais de sujet, j'esquivais.

Je n'en étais absolument pas consciente.

Le sujet, c'est papa.

À l'époque du divorce de mes parents, précisément le jour où il a quitté la maison, j'ai 10 ans, il a posé sur mon lit quelques petits cadeaux enveloppés dans du papier irisé. Je suis debout dans ma chambre de petite fille, j'ouvre les petits paquets et ça me fait un mal de chien, tellement mal que je fais un serment et je pose un acte : avec ma main, je retire mon père de mon cœur et je le jette au loin pour ne plus avoir mal.

À ce moment-là, je me suis dissociée de mon cœur pour ne plus souffrir, mes émotions étaient si fortes que cela a scellé mon cœur. Et ça a très bien marché, ça m'a permis de m'occuper de Léo sans m'effondrer, d'affronter tout ce que j'ai affronté.

Comment cet acte posé à l'âge de 10 ans a influencé toute ma vie…

Comment mon père, représentant l'homme universel, m'a fait si mal, m'a tellement mise en colère que je suis restée méfiante pendant quarante ans…

Comment je me suis dissociée…

Comment je suis devenue indifférente…

Comment j'ai toujours choisi les mecs qui allaient me confirmer qu'ils étaient tous menteurs, lâches, décevants…

Comment cette part protectrice m'a muselée depuis quarante ans…

Je choisis les hommes pour rejouer le scénario : méfiance de l'homme car il est trop dangereux, il me déçoit, je le quitte. Je suis méfiante, je ne laisse rien passer, j'observe et je suis surtout focalisée sur ce qui ne va pas chez l'autre. Et l'autre inévitablement va me le jouer. Parce que c'est ce que j'attends inconsciemment.

J'ai retiré papa de mon cœur. Ce geste est la raison même qui a enclenché mon incapacité à tomber amoureuse.

— Ce jour-là, ce qui s'est passé en toi, c'est que tu as décidé consciemment de ne plus aimer parce que cela faisait trop souffrir. Tu as fermé les portes pour ne plus ressentir l'amour parce que l'on t'a trahie. Ce que tu dis là, Belen, est fondateur de toute ta souffrance dans cette vie. Cela a été le déclencheur de la fermeture, tu es là mais anesthésiée, tu aimes mais tu ne t'engages pas parce qu'on va te trahir et te faire souffrir.

« Cela crée de l'émotionnel parce qu'on est en train de toucher le traumatisme de fond. Cet instant-là t'a fixée, il a fermé ton cœur. Tu n'avais pas le choix, il fallait que psychiquement tu puisses supporter la souffrance que tu éprouvais.

« Tu n'étais pas prête avant, pas prête à renoncer à ta colère et à la trahison. Et tu nourrissais ta colère et ton besoin de rejeter l'homme. Tu n'étais pas prête, tu n'as rien à te reprocher. Si ce n'est pas prêt, cela ne bouge pas.

« Laisse remonter la tristesse de la petite fille, c'est ta voie de sortie.

Je sens une immense vague de larmes qui monte, et je pleure comme une enfant de 10 ans...

Nous continuons la séance en passant par différentes étapes jusqu'à ce que je laisse ma colère contre lui me traverser et que j'accepte d'aimer mon père, de l'aimer complètement, absolument. Et pour finir, je réalise que lui aussi, malgré le fait qu'il n'ait pas su le faire, m'aimait vraiment.

Le travail ne se fait pas qu'au niveau intellectuel, il se fait surtout au niveau émotionnel, je sens tout mon être vibrer, se transformer. De la tête aux pieds, mes cellules réagissent, c'est très physique, je ressens un profond soulagement, je suis lessivée, essorée, apaisée.

J'ai enfin compris et je me suis libérée.

Il faut savoir que les promesses que l'on se fait dans l'enfance avec la puissance émotionnelle de l'enfant s'inscrivent en nous, comme le tatouage d'une loyauté indéfectible. Claire Marie, psychologue clinicienne et chamane, encore une double casquette intéressante, dans son livre *L'Esprit des maladies*, écrit : « Il me semble que la médecine ferait bien d'aller explorer les *promesses faites à la vie* de nos corps et leurs implications dans le développement physiologique des maladies. »

Cela se recoupe avec l'idée du personnage que nous nous sommes créé dans l'enfance et qui nous enferme aussi. Tout ce qui s'est inscrit profondément dans notre psyché de façon inconsciente et qui devient comme des lois qui nous régissent tout au long de notre vie sans que nous en soyons conscients.

Ma bulle de protection m'a mise à distance du masculin, je me protégeais de la souffrance et donc du bonheur.

Tout ce que j'apprends dans ma vie me sert pour mon travail. J'approfondis mes connaissances en relations fusionnelles, je comprends le mécanisme psychologique de ma mère, cela change mon regard sur elle et me libère aussi d'une culpabilité pesante.

J'apprends aussi à poser un autre regard sur toutes mes relations, lorsque je suis sujet, lorsque je suis objet. Je rééquilibre mes amitiés, me déleste de certaines qui ne me convenaient plus et je rencontre de nouvelles personnes avec qui je me sens bien.

GPS intérieur

J'écoute de plus en plus mon intuition et surtout mon corps.

— Est-ce que je me sens bien là ?

Deviens ton seul GPS, le corps ne se trompe jamais.

L'été passe en douceur, je sillonne la France avec Ganeshmobile, je découvre le Minervois, loue un cabanon à Marseille, fais un petit séjour à Saint-Malo, puis reviens à Paris mi-août. Mon appartement reflète mon état intérieur, je range, je trie, je dégage, j'allège... Je me sens claire. Ma médiumnité est acceptée, j'ai une intuition hyperdéveloppée, souvent je sens que l'on parle à travers moi, je le sens physiquement, comme une tension dans la gorge. Cela pourrait ressembler à une sorte de « bon sens ». À ces moments-là, les messages que je dois transmettre sont insistants, mais j'ai surtout des informations précises que je ne peux connaître, pourtant je sais. J'ai parfois le mauvais rôle, mais je veille à ne pas être intrusive avec mes proches, même si je sais que telle histoire d'amour, de travail ne va pas durer, qu'il faut se méfier d'untel, je ne dis rien tant que l'on ne me demande pas, j'essaye de ne pas surprotéger ceux que j'aime, les laisser vivre leurs expériences. L'automne arrive, j'ai énormément de travail, je ressens maintenant une vraie paix intérieure et beaucoup de douceur. Je suis enfin heureuse. Et comme cadeau, la seule cheminée de mon appartement que l'on m'avait dit condamnée est tout à fait utilisable, elle tire superbement, le feu s'est invité dans mon foyer, je rentre dans l'automne avec un feu qui crépite dans ma maison. Ce feu que je cherchais dans toutes les maisons était chez moi depuis toujours.

Cinquante ans scintillants

Aujourd'hui, je fête mes 50 ans, j'ai invité mes amis du passé, du présent à dîner autour d'une grande tablée hétéroclite et joyeuse, ils reflètent chacun une de mes facettes.

J'aime mon chemin, comment il m'a façonnée, mes choix, mes chagrins et mes joies.

J'imagine la petite fille, mon enfant intérieur, qui me regarde. Que pense-t-elle de moi ?

Elle est étonnée, je crois, amusée que je sois devenue finalement une magicienne, elle est fière de ma liberté, elle en a tant rêvé. Elle peut se blottir dans mes bras et s'endormir paisiblement, de tout son poids, elle se sait en sécurité. Après avoir traversé toutes ces épreuves, les avoir transmutées pour m'en relever à chaque fois plus forte, je suis celle qui peut le mieux prendre soin d'elle.

Le schéma est brisé, la promesse que je m'étais faite dans l'enfance n'est plus, je peux maintenant commencer ma vie de femme.

Et je suis amoureuse.

Pas comme avant, maintenant que j'ai rouvert mon cœur au masculin, je ne rentre plus dans une relation de la même façon. Je ne m'emballe plus sur un fantasme, un idéal, une illusion. J'ai rencontré un homme, j'ai d'abord vu son sourire, il a un très beau sourire. Ensuite, j'ai découvert que nous avions les mêmes idées de la vie, les mêmes valeurs et aussi de vraies différences pour une belle complémentarité. Il est aussi ancré que spirituel, j'aime son équilibre. Doucement, nous apprenons à nous connaître, c'est simple, délicat, bienveillant. Je ne cherche pas à tout prix à lui plaire, je suis moi, je l'observe et je ressens. Quand je suis avec lui je me demande juste :

— Comment je me sens, là, dans mon corps ?

— Bien, je me sens simplement bien.

Après cette quête de l'amour, ces tours et ces détours, ces rencontres avec moi-même, ce sentiment de plénitude, j'ai trouvé mon trésor.

Et celui avec qui j'ai envie de le partager.

Son signe astrologique est Poissons, c'est peut-être enfin lui que je guettais au bord de la rivière...

Épilogue

Je ne crains plus la mort.

« Nous ne sommes pas des êtres humains vivant une expérience spirituelle, nous sommes des êtres spirituels vivant une expérience humaine », écrivait Pierre Teilhard de Chardin. Notre mémoire a été effacée à notre naissance, nous permettant de vivre pleinement cette expérience avec notre libre arbitre. Notre conscience a vécu de nombreuses vies, ici ou ailleurs, la Terre est une formidable école. Nous venons vivre une vie d'apprentissage sur cette planète afin d'évoluer, d'expérimenter la matière, de recréer l'amour ici, de retrouver notre nature divine. La Terre nous offre des plaisirs immenses et des douleurs intolérables, se souvenir que tous nos choix sont justes, que nous sommes parfaits, qu'il n'y a pas de séparation, que nous ne sommes pas si différents, je suis vous et vous êtes moi. Nous sommes tous connectés.

Je suis née avec le voile de l'oubli légèrement déchiré, ce qui m'a permis d'apercevoir d'autres réalités tout au long de ma vie. Si j'ai une ligne de conduite durant cette expérience, c'est de me rapprocher de l'amour et de toujours transformer les épreuves en apprentissages.

Grâce à des études[1] très sérieuses sur le sujet, nous ne sommes pas loin de pouvoir prouver scientifiquement que la conscience ne meurt pas avec le corps physique.

Nous avons tous une mémoire d'occasion.

1. Dr Christophe Fauré, *Cette vie... et au-delà : enquête sur la continuité de la conscience après la mort*, Albin Michel, 2022.

Bigelow Institute : www.bigelowinstitute.org. Vous y trouverez tous les articles lauréats du concours lancé par le Bigelow Institute qui visait à apporter des preuves scientifiques de la continuité de la conscience après la mort.

Boîte à outils spirituelle

J'ai exploré un bon nombre de thérapies, de techniques, de soins, il est parfois difficile de choisir ce qui pourrait être le plus adapté à votre besoin. Je vous partage certains outils bien utiles.

Psychothérapie

On définit la psychothérapie comme « un traitement psychologique pour un trouble mental, pour des perturbations comportementales ou pour tout autre problème entraînant une souffrance ou une détresse psychologique.

Le but est de favoriser, chez le client, des changements significatifs dans son fonctionnement cognitif, émotionnel ou comportemental, dans son système interpersonnel, dans sa personnalité ou dans son état de santé.

Ce traitement va au-delà d'une aide visant à affronter les difficultés courantes ou d'un rapport de conseils ou de soutien ».

Le père étant l'homme universel et la mère la femme universelle dans la psyché de l'enfant, il va se construire avec et/ou contre ces modèles.

C'est fondamental d'aller faire un tour du côté de l'enfance pour comprendre comment nous nous sommes structurés. Comment nos croyances limitantes par exemple se sont créées dans notre esprit et comment cela affecte nos vies d'adultes.

Être adulte, de mon point de vue, c'est se prendre en main et faire de son mieux pour ne pas faire subir à soi-même et à son entourage des dommages collatéraux venant des blessures de notre vie et de notre enfance.

Il faut un certain courage pour aller affronter nos peurs, nos dénis et nos mensonges, mais si nous avons choisi de venir vivre une expérience terrestre, il nous a déjà fallu beaucoup de courage !

Ma méthode

Avec les années, j'ai fusionné mes outils pour me créer ma propre façon de travailler, ma méthode. Après des années de pratique, j'ai absorbé ces techniques, je les ai enrichies des apprentissages quotidiens de ma vie, des lectures, expériences, rencontres et échanges. Même si chaque séance est sur mesure, un chemin s'est dessiné, c'est dans ce cadre que j'aime travailler.

Juste avant que le consultant sonne au cabinet, j'ai souvent des informations, je les note sur mon bloc, même si elles me paraissent surprenantes, elles sont souvent utiles lors de la séance. Nous échangeons, je capte d'autres informations et apparaît la problématique ou la poche de mémoire émotionnelle coincée. Je m'installe alors face au consultant, lorsque je pratique de l'EMDR, je suis le protocole qui recrée le cheminement naturel du cerveau du tri et de la « digestion » de l'information. Je commence le traitement en faisant faire des mouvements oculaires bilatéraux et je fais du *tapping* sur les genoux sur différents rythmes et je vois, je sens ces mémoires qui traversent la personne et s'expulsent hors du corps enfin, c'est un travail très physique, organique. Lorsque la personne s'apaise, nous partons en hypnose, et là nous allons réintégrer l'enfant intérieur blessé qui a été figé quelque part dans le temps, ou à la façon chamanique nous récupérons des bouts d'âme éjectés du corps à la suite de chocs. Lorsqu'une âme d'un défunt proche du consultant est présente, j'essaye de transmettre au mieux les messages que j'entends, cela arrive souvent lorsque nous travaillons un deuil, elles sont souvent là. S'opèrent alors de magnifiques moments de pardon et de réparation. Ce qui n'a pas été exprimé avant la mort trouve enfin son chemin, c'est toujours le corps et la chaleur qu'il dégage soudainement qui m'indiquent une présence.

Je suis une sage-femme des émotions.

Il m'arrive aussi de faire des séances plus « classiques », comme l'arrêt du tabac, par exemple, mais j'inclus à la séance d'hypnose un travail de Pranic Healing, de magnétisme, en retirant les liens d'addiction et de dépendance entre la cigarette et les chakras, ainsi que sur la bouche et les doigts qui avaient l'empreinte des cigarettes. La séance d'hypnose est doublée d'un nettoyage énergétique.

Pranic Healing/soins énergétiques

Dans la tradition, le magnétisme se passe de génération en génération, parfois en en sautant une. Nous sommes faits d'énergie, nous sommes tous capables de magnétiser, mais comme le dessin, ça s'apprend. Certains seront bons en technique, d'autres auront du talent et d'autres du génie.

Mon grand-père soignait avec ses mains, il m'a transmis son « don », mais comme j'aime apprendre et que l'exploration est ma deuxième nature, j'ai choisi de me former.

Le Pranic Healing est une thérapie énergétique, effectuée par des soins avec les mains et sans contact, comme le magnétisme.

Nous avons un corps physique et autour de celui-ci un corps éthérique, émotionnel, mental et astral comme des couches invisibles, des enveloppes. Dans ces autres corps, il peut y avoir des fissures, des déchirures, des trous et aussi des entités qui s'y accrochent ou s'y glissent. Des liens, comme des cordes, des fils, s'y attachent, plongeant leurs racines au plus profond de nous. Ces liens peuvent être lancés (souvent inconsciemment) par exemple par des gens que nous rencontrons dans notre vie, des liens de pouvoir, de jalousie, des attaches toxiques.

Je commence à apprendre les centres énergétiques, ce que l'on appelle les chakras, c'est la base de cet enseignement. Très vite, je sens ces liens avec mes mains : ne serait-ce pas un héritage de mon grand-père espagnol ? Mais aussi la taille des chakras, leur forme, leur vitalité, leur faiblesse, leur encrassement. Mes mains chauffent instantanément lorsque je débute une séance, et mon corps entier suit.

J'apprends à sentir les blessures physiques, éthériques, émotionnelles, les formes-pensées, les attaques psychiques, les entités, les dettes karmiques (des différents karmas), les malédictions, la magie noire, les liens (que les gens envoient vers les autres consciemment ou inconsciemment), les projections, les alliances, les cheminées telluriques (ressemblant à de grandes colonnes verticales où s'échangent des énergies entre le ciel et la Terre)...

Hypnose ericksonienne

L'hypnose ericksonnienne consiste à créer du changement par des suggestions à l'inconscient. Contrairement à la croyance populaire, on n'hypnotise pas avec les yeux, mais avec les mots. Pour cela, il faut d'abord induire une transe, un état modifié de conscience qui permet à la partie consciente de s'évader ou de s'endormir légèrement, laissant l'inconscient au premier plan, plus réceptif. Ensuite, il faut trouver le langage de l'inconscient de la personne, sachant qu'il apprécie souvent les métaphores, les histoires, on dit qu'il a 7 ans... On peut visualiser un iceberg, la petite partie qui sort de l'eau est la partie consciente, elle est toute petite alors on lui attribue souvent la totalité de notre être. L'énorme partie immergée de l'iceberg est notre inconscient, un gigantesque réservoir de ressources. La transe est la porte que l'on ouvre pour créer un mouvement, du changement suggéré entre les deux.

J'enrichis ma pratique avec l'hypnose humaniste, le consultant est en état de conscience dite « augmentée », le thérapeute est alors un simple guide qui donne les clés pour que l'inconscient crée le changement demandé.

L'hypnose traite les troubles du comportement, c'est vaste !! Ce qui est vraiment intéressant, c'est de réaliser que certains de nos comportements bloquants dans le présent ont été mis en place dans l'enfance pour nous protéger, ils ont été salvateurs. Déjà, les reconnaître et les remercier. Nous jouons alors les marchands de tapis avec l'inconscient, on négocie. *C'est OK, Joe, tu n'en as plus besoin, tu peux poser ton bouclier et ton glaive de gladiateur, tu veux aimer et être aimé ? Laisse-toi approcher pour commencer.*

Hypnose spirituelle

Jean-Charles Chabot, celui qui propose l'enseignement de cette pratique, a été lui-même formé par Michael Newton, docteur en psychologie spécialisé dans l'hypnose régressive, il a écrit sept livres dont *Souvenirs de l'au-delà*. Le but de ces régressions étant de soigner les traumatismes et de trouver des réponses sur notre mission de vie. Lors des séances, nous pouvons nous retrouver dans différents endroits : dans des vies antérieures (qui ont encore une influence dans notre vie actuelle), au conseil des sages, dans la bibliothèque des annales akashiques, avec notre famille d'âmes...

Que diriez-vous d'aller visiter des vies antérieures, comprendre certaines blessures qui perdurent dans cette vie, revivre ses précédentes morts, sortir de votre corps, vous retrouver dans cet espace entre deux vies, y rencontrer vos guides, vos anges, des êtres de lumière, leur poser des questions, avoir des réponses ?

C'est dingue !

Pour ce genre d'hypnose qui dure minimum deux heures, il faut entrer dans une transe très profonde, là où en hypnose classique l'induction va durer entre cinq et quinze minutes, nous prenons bien quarante minutes, le voyage est très particulier, lâcher ce mental, accepter ce que l'on découvre, ne pas juger, ne pas se juger. Je me rappelle une séance où ma consultante, dans la troisième vie qu'elle visite, me décrit un château, un escalier, au sol des tapis d'herbes odorantes. Elle entre dans une chambre, il y a un lit à baldaquin, il y a de grands coffres ouvragés, des tentures brodées magnifiques et lorsque je lui demande de regarder ses pieds, elle me les décrit comme étant nus et sales, je lui demande de me décrire sa tenue, une robe en toile drue et très raccommodée, elle n'est donc pas la châtelaine… ni une princesse (on s'attend toujours à être un personnage illustre dans une autre vie !), mais une simple servante un peu trop portée sur les simples (plantes aux vertus médicinales), ce qui lui vaudra une mort atroce. Cette mémoire la bloque dans cette vie pour s'épanouir dans un job qui résonne avec cette autre vie.

EMDR

La technique d'EMDR est très efficace, elle traite d'abord les traumatismes en les digérant, mais aussi les fausses croyances, les croyances limitantes. J'aime cette technique, je suis toujours le protocole précisément, mais en plus il y a le côté physique, le *tapping*, une sorte de percussion douce sur les genoux qui procure un effet de profonde détente et de transe.

Le mental a très peu de place, l'émotion, elle, poursuit son cheminement qui a été bloqué lors de l'événement.

Une émotion est censée nous traverser et sortir de nous, malheureusement nous avons appris à les bloquer depuis l'enfance : *Ne pleure pas !* Lorsque l'on est seul chez soi le soir et qu'une porte claque brutalement, on sent la peur nous traverser le corps, comme une vague, et sortir de nous.

Quand on a envie de pleurer et que l'on pleure de tout notre soûl, on est vidé mais ensuite apaisé.

Laisser les émotions nous traverser...

Cette technique aide à débloquer des émotions engrammées en nous.

Je n'ai pas été formée par EMDR France, car je ne suis pas psychothérapeute, mais j'ai été formée par une des plus anciennes praticiennes à Paris.

Stage avec Franck Lopvet

Franck nous fait miroir de nos propres mensonges, dénis et qualités. Il nous permet de nous voir sans faux-semblants. Quatre jours avec lui nous font gagner un temps considérable, il peut être très secouant, mais toujours avec une grande bienveillance. Si vous y allez pour être caressé dans le sens du poil, vous risquez de vous faire mal. Il faut du courage pour être soi-même. Il y a aussi ses masterclass en ligne[1], ses processus et beaucoup d'outils disponibles et géniaux. Il a une clairvoyance et un bon sens indéniables et hyperefficaces. Son livre *Une autre vie* est aussi très éclairant.

1. https://odyseevod.francklopvet.com

Ennéagramme et numérologie selon Marine Billet

Ennéagramme

L'ennéagramme est un système d'étude de la personnalité reposant sur neuf types. Notre type représente le « personnage » créé dans la petite enfance pour se protéger des blessures.

À l'âge adulte, il devient notre hamster qui tourne tout seul dans sa roue, notre comportement conditionné et nos croyances sont en mode automatique. On ne peut pas calmer le hamster si nous n'avons pas conscience de son existence.

C'est un excellent outil pour mieux se comprendre, mieux comprendre le comportement des autres et harmoniser les relations.

Il existe neuf types de personnalité :

1 – le Perfectionniste ;

2 – l'Altruiste ;

3 – le Battant ;

4 – le Romantique ;

5 – l'Observateur ;

6 – le Loyal ;

7 – l'Épicurien ;

8 – le Protecteur ;

9 – le Médiateur.

Numérologie

La numérologie est une pratique ancienne qui explore la signification symbolique et spirituelle des nombres.

Dans son approche, Marine s'en sert pour que nous apprenions à connaître notre vraie nature, avec quels talents nous sommes venus sur Terre, et qu'avons-nous à offrir au monde. Un excellent outil pour prendre confiance en soi et assumer nos besoins fondamentaux. Cet outil m'a énormément aidée sur mon chemin, régulièrement quand ma vie est un peu déséquilibrée, je sonde pour voir si je nourris bien les trois chiffres fondamentaux : le 1, le 6 et le 3. Souvent un des trois est un peu oublié, dès que je m'isole à nouveau pour le 1, ou que je vais dans un endroit harmonieux pour le 6 ou que je transmets avec joie pour le 3, je me sens à nouveau alignée, mes besoins fondamentaux sont rassasiés.

Médiums et voyants

Un « vrai » médium sera très précis, vous donnera des informations et des détails que seuls vous et le défunt connaissez. Il peut être très réparateur de communiquer avec quelqu'un que nous avons perdu, des non-dits, des secrets de famille, des objets cachés peuvent être mis en lumière, peuvent apporter de nouvelles compréhensions, dénouer des nœuds émotionnels familiaux. Mais aussi attention à l'addiction, c'est très tentant de parler à nos morts...

Il existe des clairvoyants, clairaudients, cartomanciens qui font des prédictions très justes, ils ont la capacité de voir la ligne temporelle la plus probable dans votre champ des possibles, la probabilité la plus forte de notre avenir, mais nous sommes toujours libres de prendre un autre chemin. Toutefois, attention, ces prédictions peuvent nous aider, nous guider, mais influencent aussi nos croyances.

Ayahuasca

C'est un breuvage à base de plantes d'Amazonie, elle est utilisée par les chamanes depuis la nuit des temps pour se relier au monde des esprits. Ce voyage est aussi une purge profonde du corps et de l'esprit, et comme toute drogue hallucinogène, la plante ouvre les portes de la perception.

Psilocybine

Les champignons hallucinogènes utilisés à des fins thérapeutiques peuvent permettre d'accéder à des mémoires oubliées de cette vie-ci. De l'enfance, par exemple, en faisant un focus sur un événement, ou de voir la scène sous un autre angle, levant le voile sur certaines croyances, cela peut permettre une autre interprétation de son vécu et donc de libérer la charge émotionnelle d'une croyance liée à son « histoire ».

Mais aussi à des mémoires d'autres vies, libérant alors des mémoires cristallisées.

La psilocybine peut aussi nous faire vivre des expériences mystiques très puissantes, nous libérer de la peur de la mort, nous faisant prendre conscience de l'importance de vivre le moment présent.

Féminitude selon Monique Grande

C'est un jeu de 54 cartes sur les 55 facettes archétypales de la femme ! Un parcours initiatique qui nous fait plonger dans le monde souterrain du féminin. J'ai adoré tirer une carte tous les matins, pendant un mois, cela m'a connectée à ma féminité en m'ouvrant à ma part solaire. Il a mis en lumière mes parts d'ombre pour les transformer et me guider dans le déploiement du féminin dans ma vie.

Annexe

Les expériences de mort provisoire (EMP), également appelées expériences de mort imminente (EMI), ont fasciné chercheurs et scientifiques du monde entier. Depuis plusieurs décennies, des universités prestigieuses aux États-Unis et au Royaume-Uni mènent des études approfondies pour comprendre ces phénomènes. Voici une synthèse des recherches les plus notables fondées sur des études académiques rigoureuses.

1. La recherche à l'université de Southampton (Royaume-Uni)

L'une des études les plus importantes sur les EMI a été menée sous la direction du Dr Sam Parnia dans le cadre du projet AWARE (*AWAreness during REsuscitation*), initié à l'université de Southampton en 2008. Cette étude visait à examiner la conscience des patients après un arrêt cardiaque.

Résultats principaux :

• Plus de 2 000 patients ayant subi un arrêt cardiaque dans 15 hôpitaux en Europe et aux États-Unis ont été inclus dans l'étude.

• Environ 39 % des survivants ont rapporté une forme de conscience pendant la période où ils étaient cliniquement morts.

• Un patient a pu décrire des événements précis ayant eu lieu pendant sa réanimation, confirmant la possibilité d'une perception consciente même lorsque le cerveau ne fonctionne plus.

Cette recherche a soulevé des questions cruciales sur la nature de la conscience humaine et son lien avec le cerveau.

2. Les travaux de l'université de Virginie (États-Unis)

Le Dr Bruce Greyson, professeur émérite de psychiatrie à l'université de Virginie, est l'un des pionniers de la recherche sur les EMI. Il a mis au point le *Greyson NDE Scale*, un outil utilisé pour évaluer les expériences de mort imminente.

Constatations clés :

• Le Dr Greyson a observé que les EMI ne peuvent pas être expliquées uniquement par des hallucinations ou des rêves. Les récits de personnes ayant vécu une EMI sont souvent cohérents et partagent des éléments récurrents, comme :

◊ Une sensation de détachement du corps.

◊ Une lumière intense et bienveillante.

◊ Une rétrospective rapide des événements marquants de la vie.

• Les expériences rapportées n'étaient pas influencées par des facteurs religieux ou culturels.

Dans son livre *After*, publié en 2021, Greyson explore le potentiel des EMI pour transformer la vision de la vie, de la mort et du sens de l'existence.

3. Les recherches du Dr Pim van Lommel aux Pays-Bas

Bien qu'il soit cardiologue aux Pays-Bas, le Dr Pim van Lommel est souvent cité dans les discussions universitaires aux États-Unis et au Royaume-Uni pour ses recherches sur les EMI. Dans une étude publiée en 2001 dans *The Lancet*, il a suivi des patients ayant survécu à un arrêt cardiaque.

Faits saillants :

• 18 % des patients interrogés ont rapporté des EMI.

• Les éléments les plus communs comprenaient une sensation de paix, la perception d'une lumière et le sentiment de quitter le corps.

• Il a suggéré que la conscience pourrait exister indépendamment du cerveau, une hypothèse controversée mais soutenue par certaines données empiriques.

4. L'Université de Californie à Los Angeles (UCLA)

Des neuroscientifiques de l'UCLA ont mené des recherches sur les phénomènes cérébraux associés à la mort imminente. Une étude publiée en 2013 a mis en évidence une activité cérébrale intense juste avant la mort.

Conclusions :

- Chez des rats, une augmentation soudaine et temporaire de l'activité des ondes gamma (associées à la conscience) a été observée quelques secondes après l'arrêt du cœur.

- Ces résultats pourraient expliquer la vivacité des expériences rapportées par les personnes ayant vécu une EMI.

5. La position des sceptiques et les limites des études

Bien que de nombreux scientifiques reconnaissent la richesse des récits d'EMI, certains restent sceptiques quant à leur origine. Ils avancent des explications physiologiques, notamment :

- Une anoxie cérébrale (manque d'oxygène).

- Une libération massive de neurotransmetteurs, comme la dopamine ou la sérotonine.

Cependant, l'absence d'activité cérébrale mesurable pendant certaines expériences rapportées pose un défi majeur à ces hypothèses.

Conclusion

Les études menées dans les grandes universités américaines et anglaises apportent des éléments scientifiques sérieux sur les expériences de mort provisoire, tout en soulevant des questions profondes sur la nature de la conscience. Bien que des explications neurologiques soient proposées, certaines expériences défient les paradigmes classiques et invitent à une réflexion renouvelée sur la frontière entre la vie et la mort.

Remerciements

Ma première pensée va vers vous, mes parents, vous m'avez donné la vie et, grâce à vous, je fais ce que j'aime le plus au monde : explorer et apprendre.

Maman, merci d'avoir accepté ma version de notre histoire, c'est ma réalité. Tu es la meilleure mère pour moi et je t'aime infiniment.

Merci à Léo d'avoir été ma sœur sur Terre et au-delà, pour tout ce que tu m'as fait traverser, je suis impatiente de te retrouver pour débriefer ! Je pense aussi à tous ceux qui sont de l'autre côté et qui veillent sur moi.

Merci à toi, Santiago, de m'avoir choisie comme mère, j'en suis honorée. Tu m'as fait grandir et m'as fait découvrir ce qu'était l'amour. Merci d'être toi, pleinement, un homme en devenir, un homme juste.

Et merci à ton père, Cyril G., d'être un ex-mari exceptionnel.

Un immense merci à Christèle, ma *sista*, de m'avoir aidée à me réparer en étant la messagère de Léo, de papa, de mes grands-parents et de quelques ancêtres drôlement bavards ! Et merci de m'avoir tant de fois poussée à écrire mon livre.

Alvaro, je te remercie de tout cœur pour ce beau portrait en couverture que tu as fait de moi, et pour ce titre « qui ne se prend pas au sérieux », je t'aime, mon *bro*.

Merci à mes amies Vanessa Z. et Delphine I. que j'aime tant, ainsi qu'à Santiago pour avoir lu, corrigé et relu mon texte tant de fois.

Merci à toi, Anthony O., pour ton soutien constant, tu es mon refuge.

Merci à celles et ceux qui ont été là et seront sur mon chemin, ma cousine Rose et notre complicité depuis l'enfance, mes cousines de l'île de Groix, mon amie chérie Natacha et sa fille Chiara, Alex V., tante Anne, Édéenne, ma vieille bande de potes, Anne-Sophie, Poca, Marine, Zoé, Flo, David J. D., Olivia de D., Marie-Pascale B. pour avoir été une fée.

Merci à Isabelle Laffont, mon agent littéraire, et à la maison d'édition Guy Trédaniel d'avoir cru en moi.

Merci à tous mes consultants de m'avoir fait confiance, ce travail est éprouvant, mais en échange continu et profondément enrichissant.

Et tous ceux que j'ai dans mon cœur pour un sourire, un conseil, une douceur...

J'aimerais tant que ce livre donne la force de traverser les épreuves de la vie, j'espère qu'il fera son chemin...

À propos de l'auteure

Belen Canovas a grandi à Paris dans un univers d'art, de couleurs et de dessins.

Après avoir exercé divers métiers artistiques, elle décide de changer de vie et d'exaucer son rêve d'enfant : devenir une magicienne de l'âme. Elle est, depuis douze ans, thérapeute à Paris où elle travaille avec sa méthode qui allie ses acuités extrasensorielles à des thérapies brèves.

Retrouvez-la sur ses réseaux :

@belencanovas

Belen Canovas

https://www.medoucine.com/consultation/paris/belen-canovas-hypnose/2

Composition et mise en pages
Nord Compo à Villeneuve-d'Ascq

Achevé d'imprimer en mars 2025
sur les presses de la Nouvelle Imprimerie Laballery
58500 Clamecy
Dépôt légal : mars 2025
Numéro d'impression : 503058

Imprimé en France

La Nouvelle Imprimerie Laballery est titulaire de la marque Imprim'Vert®